Mit Vollgas in den Ruhestand

Von Uta Rosa Schmidt

Impressum

„Mit Vollgas in den Ruhestand"

1. Auflage 2024

© 2024 Uta Rosa Schmidt

Verlag: BoD · Books on Demand GmbH,

In de Tarpen 42, 22848 Norderstedt, bod@bod.de

Druck: Libri Plureos GmbH, Friedensallee 273,

22763 Hamburg

ISBN: 978-3-7693-1889-0

Dieser Titel ist auch als e-book erschienen

Umschlagmotiv: Mathias Hühn - huehn-illu.de

Umschlaggestaltung: Martin Walter, gestalterwalter.de

Satz: Dream Design - Cover and Art

Printed in Germany

Bibliografische Information der Deutschen Nationalbibliothek: Die Deutsche Nationalbibliothek verzeich-
net diese Publikation in der Deutschen Nationalbiblio-
grafie; detaillierte bibliografische Daten sind im Internet dnb.dnb.de abrufbar.

Für meine Altersgenoss*innen

Inhaltsverzeichnis

Vorwort

Liebe Boomer-Generation. In meinem Freundeskreis gibt es fast nur noch ein Thema: der nahende Ruhestand. „Und wie lange musst du noch?", wird man auf fast jeder Party gefragt. Als wären wir im Gefängnis und nicht in einem hoffentlich interessanten und einträglichen Job unterwegs. Da werden enthusiastisch die Tage bis zum Ende des Arbeitslebens gezählt. Die größte Bevölkerungsgruppe einer Dekade, die Deutschland je hatte peilt die Rente an.

Eigentlich wäre es gut, möglichst viele von uns würden bald die Kurve kratzen. Wir belasten das Rentensystem, die Krankenkassen und treiben die CO_2 Bilanz in die Höhe. Den Gefallen eines zügigen Ablebens werden wir der Gesellschaft aber nicht so bald tun. Wir Best Ager haben das Rauchen längst aufgegeben, treiben Sport und gehen regelmäßig zur Krebsvorsorge.

Das Gegenteil ist also der Fall. Die meisten von uns sind wild entschlossen es beim Alter in den dreistelligen Bereich zu schaffen. Je kleiner das Golf-Handicap, desto größer die Ambition steinalt zu werden.

Warum es für uns Best Ager dabei schlau ist, ein paar Dinge für das letzte Lebensdrittel zu regeln, warum wir nicht jedem Trend in Sachen Schönheit und Fitness nacheifern sollten und wie wir beim Finale des eigenen Daseins den Spaß nicht vergessen, darum geht es in diesem Buch.

Welcher Typ Ruheständler schlummert in dir? Finde es heraus!

1. Die Camper

„Gehe einmal im Jahr irgendwohin, wo du noch nie warst."

Dalai Lama

Für viele Best Ager beginnt der Ruhestand nicht mit einem Schaukelstuhl, sondern auf vier Rädern. Das Wohnmobil ist ihr Symbol für Freiheit und Abenteuer. Gib es zu. Du liebäugelst damit oder hast längst eines. Die Anschaffung eines Wohnmobils ist vor allem mit dem Wunsch verbunden, noch einmal etwas zu erleben. *Noch einmal auf die Lofoten! Ich war noch nie in Schottland!* So argumentieren die Wonhmobil-Käufer. Alles Gründe dem gemütlichen und bequemen Hotelleben Adieu zu sagen und sich fortan im Urlaub mit achteinhalb Quadratmetern auf Rädern zu bescheiden.

Die Best Ager fühlen sich plötzlich wieder jung! Campen! So wie früher! Natürlich nicht mit dem 3er Golf plus Zweimannzelt am Gardasee bei Gewitter,

Starkregen und Hagel. Nein, die angehenden Ruheständler genießen das mobile Reisen lieber verhältnismäßig komfortabel in einem Luxuswohnmobil mit Standheizung, Klimaanlage, 180 PS Diesel-Motor und 9-Gang-Automatik. Am besten mit besonders viel Bodenfreiheit, Kuhfänger auf dem Kühler und Offroad-Fähigkeit. In diversen Online-Foren übetreffen sich die Reisemobilbesitzer mit Tuning-Ideen und Ausstattungs-Upgrades. Für das ohnehin teure Stück werden noch tausende Euro für Zubehör ausgegeben. Die unternehmungslustigen Ehepaare wollen ja unabhängig die Wildnis erkunden und gefühlt am Ende der Welt morgens ihren Kaffee schlürfen, während Delphine im Meer vor den Augen der naturverbundenen Erholungsuchenden ihre Kreise ziehen. Der einzige *Lärm* ist das Zwitschern der Vögel und das leise Plätschern der Wellen am Strand. So geht Urlaub. Warum haben wir das nicht schon längst gemacht, fragen sich die Spätberufenen?

Das chromglänzende Gefährt, das Menschen jenseits des 50igsten Lebensjahres gerne erwerben kostet häufig so viel, wie eine kleine Immobilie auf dem Lande. Das WoMo gehört für sie genauso neben das Eigenheim, wie der sorgfältig geschnittene Buchsbaum, der amerikanische Briefkasten und die gepflegte, häufig mit weißem Kies gestaltete Auffahrt. In den Wohngebieten des ländlichen Establishments könnt ihr euch schnell ein Bild davon machen. Haus, Carport mit Wohnmobil, zwei Meter Rasen, Zaun, das nächste Haus, Carport mit Wohnmobil, zwei Meter Mulch mit einer Hortensie, Zaun, das nächste Haus, Carport mit Wohnmobil....und so weiter.

Erstaunt fragt man sich, woher die Menschen das viele Geld für all diese Dinge haben? Die Fenster der Nachbarn wurden doch gerade erst erneuert, der Junior studiert und hat ein eigenes Auto bekommen und das alte Wohnmobil musste schon wieder einem neuen weichen. Garantiert geerbt, unterstellt man neidisch. Die Müllers haben doch ganz einfache Berufe. Wie können die sich ein rollendes Wohnzimmer für einen sechsstelligen Betrag leisten? Vielleicht ist auch eine Lebensversicherung fällig geworden. Und kann man seinen Wohlstand besser dokumentieren, als mit dem Kauf eines Luxus-Wohnmobils? Interessanterweise stehen die Dinger gefühlt das ganze Jahr an der gleichen Stelle. Leiden Wohnmobile eigentlich, wenn man sie so gut wie nie bewegt und sie in ihrem Carport dahindämmern lässt?

Auf der anderen Seite trifft man auf der Straße alle Nas´ lang auf Camper on Tour, Wohnmobile so weit das Auge auf der Autobahn reicht. Überholt man so ein Schiff, sitzt meistens ein arrivierter Herr mit Kopfbedeckung am Steuer und manövriert das sieben Meter lange Gefährt mit stoischem Blick über den Asphalt. Sie sitzt daneben und reicht Getränke und Häppchen. Auf Rastplätzen werden autofahrende Urlauber von diesen Reisenden mitleidig registriert. Während die den Inhalt ihrer Kühltasche auf verschmutzte, abgeranzte Parkplatztische packen, speisen die Wohnmobil-Besitzer stilvoll im Inneren. Mit richtigem Besteck und gekühlten Getränken.

Sie geht mit dem obligatorischen Hund Gassi, er inspiziert die Technik, das Kühlwasser und ob die Fahrräder am Heck auch nach wie vor gut befestigt sind. Ach ja, Fahrräder. Ganz wichtig. Nicht irgendwelche klapprigen Drahtesel, mit denen man morgens schnell Brötchen holen könnte. Neeeiiiin! Das sind E-Bikes der neuesten Generation. Für den Preis von beiden, könnte sich eure Tochter einen hübschen Gebrauchtwagen kaufen.

Diese Wunder der Technik zieren die Rückseite eines jeden Wohnmobils von Best Agern. Fahrräder geben so ein Gefühl von Agilität. Moderne Camper sitzen nicht nur im Schatten ihrer äußerst windanfälligen Markise sondern erkunden stundenlang die Gegend mit ihren Bikes. Die Jacken der so Radfahrenden sind knallfarben, atmungsaktiv, aus einer wind und - wasserdichten Supershell-Membran, haben 4-Wege-Stretch und für besonderen Fahrkomfort Zweiwege-Reißverschlüsse. Die hat übrigens jemand erfunden, der die Menschheit auf ihre Resilienz testen will.

Menschen im Wohnmobil-Urlaub haben aber offenbar alle Geduld der Welt und kriegen auch diese Reisverschlüsse zu. Sie verzweifeln auch nicht am Verschluss ihres, von Stiftung-Warentest empfohlenen, metallicfarbenen Radhelms. Ihre Sportschuhe sind ultraleicht und verfügen über eine Energiecell-Zwischensohle, Schnellschnürung und Gore-Tex Oberfläche für Wasserdichtigkeit. Ferse und Fußspitze sind verstärkt, die Sohle hat ein rutschfestes Profil. Mit den Teilen könnte man auch auf die Zugspitze klettern. Wer weiß? Vielleicht machen die Camper auch noch einen längeren Fußmarsch. Gut, dass die sportliche, atmungsaktive Hose Lüftungsschlitze hat und Stretch an den Knien. Das sorgt für viel Bewegungsfreiheit, Tragekomfort und man ist für jedes Wetter gewappnet. Die Streckenführung übernimmt der Mann. Sein neues Iphone steckt er in die extra dafür vorgesehene Halterung am Lenker und gibt bei der Radwanderapp das Ziel der heutigen Etappe ein. Nicht, dass man am Ende noch Einheimische nach dem Weg fragen muss. Mit zufriedenen Gesichtern gondeln die Camper im Partnerlook vom Stellplatz. Man wird sie bis Einbruch der Dunkelheit nicht wieder sehen.

Was hat das alles mit dem nahenden Ruhestand zu tun?

Na, es ist das große Finale. Jeder Tag in so einem Aktivurlaub will sagen, genieß es, solange du noch kannst! Fühl dich jung und frei, solange du nicht permanent die Knochen knacken hörst. Wenn du nach einer Hüft-Op oder einem Oberschenkelhalsbruch erst einmal einen AOK-Chopper brauchst, so nennt mein Mann gerne die Gehhilfen, dann ist mit Camping-Urlaub Schluss. Dann gehst du auf Suche nach barrierefreien Hotels mit einem Schwimmbad mit Warmbadetag. Die Wohnmobilphase ist also wirklich mit dem Begriff der Euphorie zu umschreiben. Wikipedia sagt: *Der Euphorie entspricht eine anhaltende Aktivität im Nucleus accumbens des Gehirns. Der Zustand kann auch durch einige Drogen (etwa Opiate) hervorgerufen werden. Neurochemisch wird Euphorie durch die Botenstoffe Dopamin und/oder Serotonin ausgelöst. Anstoß hierfür können auch Alkohol, Arzneimittel und andere Drogen sein.*

Oldies im Wohnmobil sind wie auf Droge. Schon beim Packen der vielen kleinen Fächer und des Kühlschranks werden Glückshormone freigesetzt. Man braucht so wenig, um glücklich zu sein. Abendgarderobe, schicke Schuhe - alles das wird man in einem Wohnmobil vergeblich suchen. Wohnmobilisten verbringen Wochen in den gleichen verschossenen Shorts, Jogginghosen, Wohlfühlsweatshirts und Badelatschen. Von den Hightech-Outdoorklamotten zum Radfahren abgesehen.

Frauen in Wohnmobilen haben auch keine Frisurnöte oder Make-up-Sorgen. Da wird morgens schnell durchgekämmt und Zähneputzen reicht. Das Gesicht, das einem im Gemeinschaftsbad des Campingplatzes aus dem fleckigen Spiegel entgegenschaut, ist eben das einer Frau in den besten Jahren. Die Ränder unter den Augen stammen vom Wein am vorherigen Abend und die paar Falten stören nun wirklich nicht. Außerdem sehen alle Frauen auf Campingplätzen so aus. Ein leicht derangiertes Äußeres gehört zum großen Gefühl der Freiheit und Losgelassenheit. Genauso wie der völlig selbstverständlich zur Schau getragene Bauch von Männe. Warum soll er sich morgens auch was überziehen? In der Dusche im Sanitärhaus der Campinganlage zieht er sich doch eh wieder aus. So schlurft man von lästigen Sorgen um Äußerliches befreit über den Platz und hält ein Schwätzchen mit dem Nachbarn, der sich gerade vor seinem Wagen die Ohren mit einem Q-Tipp reinigt. Herrlich.

Der Selbstversuch

Wir, mein Mann Andi und ich, kaufen noch kein Wohnmobil. Wir haben uns eines geliehen für unseren anstehenden Sommerurlaub. Wenn so viele Menschen in unserem Alter das machen, dann muss doch etwas dran sein!

Ein schickes Mobil mit dem Namen eines amerikanischen Bundesstaates ist also jetzt für zwei Wochen unser Domizil. Behausung für einen großen Mann, eine mittelgroße Frau und einen kleinen Hund.

Im Internet hat das Fahrzeug, das wir gemietet haben, irgendwie größer ausgesehen. Offiziell ist das nagelneue WoMo für vier Leute ausgelegt. In der Realität können wir uns nicht zu zweit darin aufhalten ohne uns gegenseitig Kinnhaken zu verpassen, oder auf den Füßen zu stehen.

Über der Fahrerkabine ist ein Bett, in dem zwei Kinder schlafen sollen. Ich stelle mir die Familie vor, die sich darauf einlässt. Ein Tag Regen und die fried-fertigsten Eheleute und ihr Anhang gehen sich an die Gurgel. Das hintere Bett reicht gerade für mei-nen Mann, wenn er sich schräg legt. Was reitet ei-nen eigentlich, im Urlaub sein wunderbares Box-springbett zu Hause, von 2 mal 2 Metern gegen eine dünne Pritsche von 1,40 m mal 1,85 m einzutau-schen? Diese Fläche mag für junge Leute reichen, die frisch verliebt sind, freiwillig Löffelchen schlafen und über die Beweglichkeit von Olympiaturnern verfügen. Wer sich einmal nächtens von ganz hinten nach vorne durchgearbeitet hat auf diesem *Bett,* weil er aufs Klo muss, weiß was ich meine. Der Part-ner kriegt mindestens Ellenbogen oder Knie in die Rippen, wird wach, dreht sich rum und fängt dann an zu schnarchen.

Das sympathischste an einem Wohnmobil ist üb-rigens, dass man sein Klo immer dabei hat! Bei Frauen über 50 ein unschätzbarer Vorteil. Wir müs-sen ja....du weißt schon. Vorbei die Zeiten, in denen man auf Rastplätzen mit spitzen Fingern fragwürdige Toilettentüren öffnen musste, um dann auf urinbespritzten Klos ohne Brille, deren Metalldesign an amerikanische Frauengefängnisse erinnert, seine Notdurft zu verrichten. Und wehe man hat die Papiertaschentücher im Auto vergessen! Klopapier gibt es da nie und wenn welches dort hängt, möchte man es nicht benutzen. Der Metallspiegel über dem Waschbecken, aus dem das Wasser nur tröpfelt, gibt das verzerrte Gesicht einer schwer leberkranken Frau wieder, die sich gerade ganz weit weg wünscht. Die Schuhe möchte man fortschmeißen, nach so einem Toilettengang, denn der Gestank auf Rastplatzklos brennt sich garantiert tief in das Gummi, der jetzt mit Flüssigkeiten getränkten Sneakersohle ein.

Igitt.

Noch schlimmer ist es, sich in die Büsche zu schlagen und da, wo schon diverse Papiertaschentücher verraten, dass man nicht der erste ist, ein Plätzchen zu suchen. Neben der permanenten

Angst entdeckt zu werden, überkommt einen dauernd das Gefühl die Umwelt zu verschmutzen. Verstohlen wischt man sich am Ende ein paar Tropfen von den Schuhen und Hände waschen kann man im Gebüsch auch schlecht. Nicht schön.

Nein, im eigenen Wohnmobil auf Toilette gehen hat was Erhabenes. Okay, das Gefühl lässt nach, wenn man zum ersten Mal die Kassette entleeren muss, mit den Hinterlassenschaften von sieben Tagen. Hoffentlich ist nur eine schlumpfblaue Flüssigkeit zu sehen, die nach Gummibärchen riecht. Sonst hast du nicht genug Chemie in die Toilette gekippt oder zu spät entleert. Beides Erfahrungen, die man als Neucamper nur einmal macht. Danach bist du peinlich darauf bedacht, die Chemietoilette regelmäßig zu entleeren. Wenn du die umweltfreundliche Bio-Variante dieser Toilettenlösung gekauft hast, empfiehlt es sich noch öfter zu wechseln. Die Geruchsabdeckung lässt nämlich bei diesem Produkt etwas schneller nach.

Deswegen ist es schlau, sich zunächst ein Wohnmobil zu leihen und nicht gleich zu kaufen. Man kann ja nicht ahnen, ob einem das Leben und Schlafen in einer Reihe von Wohnmobilen, dicht an dicht auf dem Stellplatz gefällt. Wenn der eigene Mann nicht schnarcht, hört man den Kerl aus dem Nachbarvan.

In den Jahren nach Corona wird der Gebrauchtwagen-Markt mit super teuren, fast neuen Fahrzeugen geschwemmt, die übereilt angeschafft wurden. Jetzt sollen andere mit der Sardinenbüchse in Urlaub fahren! Opfer finden sich haufenweise, der Markt mit gebrauchten WoMos boomt. Die Preise schwanken enorm. Wer sehr genau weiß was er will und etwas Geduld hat, kann beim Wohnmobilkauf ein Schnäppchen machen.

Die Fahrt mit unserem weißen, geliehenen Blitz ist angenehm. Vorn thronen wir wie Graf und Gräfin. Unser Hund kuschelt sich auf die abwaschbaren Rücksitze und ist angeschnallt.

Beim Tanken des großen Autos wird mir allerdings schlecht. Der Liter Diesel kostet über 1,80 € und die gesamte Tankfüllung reißt ein Loch von fast 140 € in unsere Urlaubskasse. Dafür haben wir unser Bett aber auch immer bei uns und können übernachten wann und wo wir wollen. Welch ein Luxus! Nach flotter Fahrt überqueren wir gegen Abend die französische Grenze und ich scanne die Gegend auf einer App nach einem geeigneten Stellplatz für die Nacht. All zu viele verlockende Plätze kann ich in Autobahnnähe nicht ausmachen und wir entscheiden uns für eine kleine Anlage in der Nähe eines Ortes, dessen Geschäfte alle schon geschlossen haben. Wir rollen durch das etwas geisterhafte Städtchen entlang einer Bahnlinie und erreichen ein eingezäuntes Gelände. Schnell steuern wir einen idyllischen Platz unter Bäumen, am Ufer eines kleinen Flusses, an. Wie romantisch! Genau so hatten wir uns das vorgestellt. Als wir unseren reich gefüllten Kühlschrank plündern, den Tisch auf der Wiese decken und mein Mann die erste Flasche Wein ploppend entkorkt, stellen wir fest, dass es am Wasser vor Mücken nur so wimmelt. Hektisch packen wir alles zurück ins Auto, schließen die Fliegengitter und können sogar etwa 80 Prozent der Plagegeister aussperren. Der Rest macht es sich mit uns im Inneren gemütlich und singt und summt uns wenig später mit hoher Frequenz in den Schlaf.

Die Nächte verbringe ich mit Rücksicht auf meine bessere Hälfte im Kinderbett kurz unter dem Wagendach, so der Plan.

Das entwürdigende Schauspiel, wie ich meine Schlafstätte erreiche, lässt meinen Mann gleich am ersten Abend herzlich lachen. Arschloch! Über eine Metallleiter, die man in das Notbett, mehr ist es nicht, einhakt, krabbele ich nach oben. Da ich mit dem Oberkörper voraus in diesem Mini-Alkoven ankomme, muss ich erst vollständig vorwärts hinein krabbeln, drehe mich dann wie ein Käfer auf den Rücken, schwinge meine Beine an meiner Hüfte vorbei nach vorn. Dabei stoße ich mit meinen Knien unter dem Wagendach an und verkeile mich förmlich in diesem Loch von Bett, bis ich endlich mit den Füßen in Fahrtrichtung liege. Ein etwa 50 cm langes, in Richtung Dusche ausklappbares Polster, dient als Unterlage für meinen Kopf. So ungefähr muss es sich in einem Sarg anfühlen, wenn man lebendig begraben wird. Ich kann mich nicht mal genug aufrichten um zu lesen, oder mit dem Laptop zu schreiben oder zu surfen. Hier liege ich wirklich nur, um zu schlafen. Immerhin gibt es eine Dachluke direkt über mir und ich kann, wenn ich das Fliegengitter wegschiebe, die Sterne sehen. Eine Mücke, die sich bei uns zum Abendessen eingeladen hatte, versucht genau durch diese Luke zurück zu ihren Kumpels an den Fluss zu kommen. Als ich ihr öffne, findet sie den Ausgang nicht. Dafür bekommt sie Besuch von ihren Freunden. Nur hinein. Mücken stechen meistens nicht mich, sondern meinen Mann. Der kann auf seinem Bett wenigstens ausholen und die Viecher erschlagen. Ein bisschen leiden soll er in diesen Nächten eben auch. Das alles muss sich halt erst noch einspielen. Es ist unsere erste Nacht in diesem Wohnmobil. Wird schon werden.

Eine lange Geschichte kurz erzählt: es wurde nicht. Nach drei weiteren, quälenden Nächten, blauen Flecken vom Hochkriechen und einem verspannten Nacken vom dauernden auf dem Rücken liegen, zog ich nach unten.

Wir rauften uns auf 1,40 m Bettbreite zusammen. Am meisten Platz hatte der Hund! Aber wer im Urlaub alles haben will wie zu Hause, der soll auch dort bleiben. Wir wollten uns doch wieder spüren! Jedesmal wenn sich einer in diesem Bett umdrehte, dann spürten wir das. Na bitte! Und wenn ich mir abends genug französischen Rotwein einlötete, konnte ich auch ganz gut schlafen.

Nach zwei Wochen in der traumhaften Normandie, fuhren wir zufrieden und glücklich wieder heim, fest entschlossen uns demnächst ein Wohnmobil zu kaufen. Aber eins mit Längsbetten, aus denen jeder aufstehen kann, wenn er möchte, ohne

den anderen zu stören. Und wenn man Camping-
plätze direkt am Meer ansteuert, halten sich auch
die Stechmücken zurück. Das ist das Schöne an einer Wohnmobiltour. Auch im Alter lernt man immer
noch was dazu und kann, wieder zu Hause im hei-
mischen Bett angekommen, unfassbar gut schlafen!

2. Die Kreuzfahrer

„Das ist das Angenehme am Reisen, dass auch das
Gewöhnliche durch Neuheit und Überraschung das
Ansehen eines Abenteuers gewinnt."

Johann Wolfgang von Goethe

Während die einen die Freiheit auf Rädern suchen, stechen andere in See, um das Abenteuer in noch größeren Dimensionen zu erleben.

Endlich habe ich die Gelegenheit dem Filmemacher Wolfgang Rademann ausdrücklich Danke zu sagen. „Danke für den ewigen Traum von einer Kreuzfahrt, den Sie in uns mit dem *Traumschiff* gesät haben." Gut betuchte Menschen besteigen bestens gelaunt ein elegantes Schiff, verbringen zahllose Kilometer unter dem blauen Himmel mit dem Blick auf das türkisfarbene Meer. Sie erleben die Kulturen und Vorzüge der fremden weiten Welt, das Personal an Bord ist durchweg gutaussehend und alle zusammen benehmen sich wie eine große Familie. Der ganze Traumurlaub auf einem Kreuzfahrtschiff findet seinen Höhepunkt beim Käptn´s Dinner. Allein das Vorspielen der schmissigen Marsch-Musik zu der die Eistorten hereingetragen wurden, lässt uns noch Jahre nach der Erstausstrahlung im öffentlich rechtlichen Fernsehen das Wasser im Munde zusammenlaufen. Beim Anblick der Wunderkerzen rauscht uns das Fernweh schmerzhaft durch die Gebeine. Jetzt, 43 Jahre nachdem der Luxuskahn, die *Deutschland,* das erste Mal ausgelaufen ist können wir Babyboomer uns längst auch mit überschaubarem Urlaubsetat Kreuzfahrten ins Mittelmeer, in die Karibik und das Nordmeer leisten. Wurden wir in unserer Teeniezeit doch auf diesen Wunsch geprägt!

Reisende auf einem solchen schwimmenden Hotel suchen das glatte Gegenteil von denen, die im Wohnmobil die Welt erkunden.

Es kann gar nicht genug Luxus geben. Das Gepäck ist umfangreich und umfasst mindestens ein Dutzend festliche Outfits für gepflegte Abende beim Dinner und an der Bar. Wer kann leistet sich die Außenkabine mit Balkon. Dass die Weltenbummler hier fast so wenig Platz haben, wie die Camper in ihrem rollenden Zuhause, stellen sie auch erst fest, wenn sie das Zimmer mit ihren Kofferbergen entern. Schnell wird das kleine Entsetzen, das sich breitmacht, geistig verdrängt. Im Zimmer werden wir die geringste Zeit der Reise sein, reden sich die Passagiere ein. Es gibt ja so viel an Bord zu erleben. Je mehr Stockwerke so ein Ozeanriese hat, desto besser lässt es sich vor Freunden, Bekannten und Arbeitskollegen damit pfunden. Die bezahlbaren Schiffsreisen sind in aller Regel *All inclusive-Angebote,* die sich an ein sehr breites Publikum wenden. Man hat das Clubleben aus entsprechenden Ferieneinrichtungen zu Lande einfach auf das Wasser verlegt. Der Tagesablauf bei dieser Art Ferien ist deswegen auch ganz ähnlich. Er besteht aus sehr viel

Essen, Animation, Sportangeboten und Landausflügen. Eine Kleinstadt zu Wasser. In zahllosen TV-Reportagen können wir uns vom komplizierten, aber minutiös eingespielten Ablauf an Bord eines Kreuzfahrtschiffes überzeugen.

Nur rettungslosen Weltverbesserern steigt angesichts der unfassbaren Menge an Lebensmitteln, die vor Antritt der Reise verladen werden, die Schamesröte ins Gesicht und sie leisten sich Gedanken an den hungernden Teil dieser Welt. Für alle anderen sind Tonnen von exotischen Fischen, Gemüsen, Südfrüchten und Fleisch ein klares Indiz dafür, welch luxuriösen, einmaligen Urlaub sie da gebucht haben.

Die fleißigen Helfer, die hinter den Kulissen für einen reibungslosen Ablauf sorgen, bekommt man in aller Regel kaum zu Gesicht. Wie sie auf dem Schiff wohnen, möchte man nicht wissen. Eigentlich wären die minikleinen Kabinen der Crew ein Fall für den Europäischen Gerichtshof für Menschenrechte. Keinen noch so gefährlichen und üblen Straftäter würde man so beengt einsperren. Wer sich den ganzen Tag mit nörgelnden Touris rumschlägt, hätte eigentlich ein verbrieftes Recht auf Privatleben nach der Arbeit. Tatsächlich sind die Mitarbeiter auf Kreuzfahrtschiffen häufig zu mehreren in eine Kabine gepfercht. Was uns beruhigt: Die Leute wissen, worauf sie sich einlassen. Es scheint in dem Business niemanden zu stören, die meisten lieben ihren Job. Die Crew-Mitglieder bewegen sich wie die Arbeiter eines Theaters hinter den Kulissen und sorgen vor allem beim Essen und Trinken für nie versiegenden Nachschub. Davon kann man sich allabendlich am großen gemeinsamen Buffet ein Bild machen. Schon lange bevor die Türen zum Haupt-Speisesaal geöffnet werden, drängeln sich die Pauschalurlauber davor. Anstatt wie beim Fernsehvorbild in schickem Zwirn zu erscheinen, tun es hier oft Jogginghose und Badelatschen. Wenn man Glück hat, gibt es Schilder an der Tür, die einen gewissen Dresscode einfordern. Besonders in amerikanischen Gewässern, also im Südpazifik und in der Karibik, muss man in dieser Hinsicht häufig Abstriche machen. Am besten man redet sich ein, ein hübsches Outfit zum Abendmahl wäre spießig und oldschool und denkt wehmütig an die Abendgarderobe im Kabinenschrank. Nach dem eigenen Downgrade kann man sich wieder voll auf den eigentlichen Sinn dieser Warterei vor der Tür konzentrieren und sieht über den arg lässigen Stil der anderen Gäste schnell hinweg. Schließlich hat man *All Inclusive* gebucht und will sich die besten Happen beim Abendessen sichern. Ist ja alles längst bezahlt. Vieles erinnert an die Ferienclubs zu Lande. Auch an Bord gibt es viele von diesen Typen, die morgens am Pool ihr Handtuch auf einer Liege platziert haben, um sich die erste Reihe am Schwimmbecken zu sichern. Entspannte Ruheständler können schnell darüber hinweggucken. Stundenlang am Pool rumlümmeln ist in unserem Alter sowieso nicht angesagt. Wir gehen lieber an die Boulderwand oder auf den Joggingparcour und genießen die frische See-luft. Vielfalt ist das Motto. Schließlich muss das alles auch noch auf's Smartphone gebannt werden, damit Familie und Freunde über die sozialen Netzwerke teilhaben können. Wer will da schon ein abgefressenes Buffet zu sehen kriegen, oder die überfüllten Strandliegen mit unansehnlichen Badegästen darauf.

Endlich gehen die Türen zur Messe, so heißt der Speisesaal auf einem Schiff eigentlich, auf. Die genussfreudige Meute drängt an die prall gefüllten langen Tafeln und lädt sich die Teller voll, bis nichts mehr drauf passt. Kein Mensch kann das alles essen, aber darum geht es nicht. Viel wichtiger ist, dass die späten Gäste von den abgezählten Langusten nichts mehr abbekommen. Besonders der Run auf seltene Schalentiere ist hier zu beobachten. Dass Garnelen, Scampis und Langusten schon eine weit längere Reise als die hungrigen Gäste hinter sich haben (Krabben werden in Asien gepuhlt, Garnelen in China aufgepeppt), stört die Kreuzfahrer nicht. „Es gab Meeresfrüchte bis zum Abwinken", werden sie später stolz berichten. Das Live-Cooking und die charmanten Bemerkungen der Köche hinter den Buffet-Tischen gehen runter wie Öl und täuschen schnell darüber hinweg, dass der Gast nur einer von dreieinhalbtausend ist. Für viele ist das Schlemmen das Highlight einer Kreuzfahrt. Richtig abgehoben wird es beim Besuch eines der Restaurants an Bord. Hier hat man wirklich individuellen Service und die Mahlzeiten schmecken noch ein bisschen besser als am reichhaltigen, aber manchmal unübersichtlichen Buffet. Hier kann **er** es sogar wagen eine Krawatte zu tragen, **sie** führt endlich ihr schickes Kleid aus. Jetzt fehlt eigentlich nur noch der Kapitän. Der kommt aber tatsächlich nur in Ausnahmefällen zum Essen. Auf Luxuslinern mit kleinem, erlesenen Publikum, bei Hochzeiten, VIPs oder absoluten Stammgästen, da gibt er sich vielleicht die Ehre. Wer den Kapitän unbedingt treffen will, sollte naeiner exklusive Führung über das Schiff fragen. Da geht es meist auch auf die Brücke mit der sogenannten nautischen Wache. Mit ein bisschen Glück hat gerade tatsächlich der Kapitän das Ruder in der Hand, denn die Schicht wechselt üblicherweise nach ein paar Stunden. Vielleicht lernt ihr die mehr oder weniger sonore Stimme des 1. Offiziers an Bord bei ganz anderer Gelegenheit kennen. Nämlich dann, wenn die obligatorische Rettungsübung an Bord durchgeführt wird. Spätestens seit der Havarie der Costa Concordia wissen wir, dass es durchaus Sinn macht, die Sicherheitshinweise zu verinnerlichen. Seit dem Versinken der Titanic sind auch traditionell genügend Rettungsboote vorhanden. Seht nur zu, dass ihr im Notfall vor eurem Kapitän hineinklettert. Wenn der mit runter will von Bord, wird es wirklich ernst.

Rette sich wer kann

Bereits zu Beginn eurer Kreuzfahrt werdet ihr von der Leitung des Schiffes über das Audiosystem, das in jeder Kabine installiert ist, an Deck gebeten. Dort

28

übt ihr gemeinsam mit den anderen Gästen das korrekte Anlegen der Rettungswesten. Üblicherweise ist das ganz lustig, aber auch verbunden mit dem Wunsch, diese Kenntnisse nie anwenden zu müssen.

Die Ansagen der Crew haben oft den gleichen Charme wie die heruntergeleierten Hinweise von Serviceteams in Flugzeugen. Bevor ihr darüber witzelt denkt daran: für euch ist es vermutlich die erste und einzige Kreuzfahrt. Das Personal macht das andauernd. Leider kommen diese Herrschaften nicht auf die Idee umgekehrt genauso zu denken.

Schauen wir auf die vielen geplanten Ausflüge, die Landgänge. Täglich werden die Passagiere von ihrem Schiff an einem der schönsten Orte der Welt ausgespuckt. Exotische Hafenstädte laden ein, sie an einem einzigen Tag zu erobern. Wer das zum Beispiel in Barcelona oder Havanna schon mal versucht hat, weiß, wie oberflächlich die Eindrücke bleiben müssen. Aber so sind Kreuzfahrten - die Welt serviert in verträglichen Häppchen. Kein Mensch bucht eine Schiffsreise wegen der vielen Kultur, sondern wegen der Abwechslung.

Was dem Gast an diesen Landgängen wirklich sauer aufstoßen kann, sind die gesalzenen Preise. Abholung am Hafen, Rundfahrt, eine Verkostung der örtlichen kulinarischen Spezialitäten...das alles schlägt ein tiefes Loch in die Urlaubskasse. Was soll´s. Eine Stadt ist doch im Grunde wie die andere, vor allem wenn man nur ein paar Stunden für die Besichtigung hat. Beim nächsten Landgang könnt ihr ja einfach an Bord bleiben. Auch ganz schön, wenn man den Swimmingpool, das Volleyballfeld oder den Wellnessbereich ausnahmsweise ganz für sich hat. Die Leute, die ihr da trefft, waren auch zu geizig für eine Erkundung der Fremde.

Falls ihr gerade überlegt, auch einmal eine solche Schiffsreise zu buchen, denkt wirklich gut darüber nach, so eine Fahrt ist nicht für jeden was.

Ein Freund hat vor einigen Jahren eine Kreuzfahrt gebucht, bei der es für seine Truppe Golfer jeden Tag zu einem anderen 18-Loch-Platz ging. Klingt ziemlich dekadent, ist aber gar nicht so teuer, wie man vielleicht denkt. Der Service war großartig. Die Sportlertruppe wurde pünktlich am Anleger abgeholt und wieder zurückbefördert. Zwischendurch gab es die Runden über einige der schönsten Golfplätze der Mittelmeerregion. Das übliche Getümmel am Buffet haben die sonst eher individualistisch orientierten Urlauber billigend in Kauf genommen. Die Hölle lauerte auf sie am sogenannten Seetag. Ein Tag komplett auf dem Wasser, den das Schiff nahezu reglos auf dem Meer treibend zubrachte. Was so romantisch klingt, war für diese Truppe ein sinnlos verbrachter Tag. Bars und Restaurants auf dem Schiff waren erwartungsgemäß brechend voll. Am Swimmingpool gab es nicht genug Liegen für alle. Die Golfer waren froh, dass sie am nächsten Tag wieder festen Boden unter die Füße kriegten und dem Trubel an Bord entgehen konnten.

Ich kenne aber auch jede Menge *Wiederholungs-täter*. Viele meiner Freunde buchen immer wieder und liegen damit voll im Trend.

Kreuzfahrten werden immer beliebter. Jährlich entscheiden sich weltweit zwischen 30 und 40 Millionen Menschen für diese Art des Urlaubs. Jeder Fünfte ist älter als 60 Jahre.

Ich spare mir dieses Erlebnis noch ein bisschen auf und wärme mich an den alten Folgen vom *Traumschiff*. Die laufen verlässlich irgendwo auf den hinteren Programmplätzen immer dann, wenn ich nicht schlafen kann oder gerade ein Schneesturm über's Land fegt. So eine Folge wirkt Wunder. Da ist das Wetter immer prächtig, die Mitreisenden höflich und am Ende der Fahrt sind alle Probleme gelöst. Ein Stewart der nur annähernd so gut aussieht wie Sascha Hehn, wird mir in Wirklichkeit bestimmt nicht begegnen und drunter mache ich es einfach nicht. Schiffsreisen müssen auf mich noch ein bisschen warten, aber noch bin ich ja auch nicht im Ruhestand.

3. Die Rekordjäger

Charlie Brown: „Eines Tages werden wir alle sterben Snoopy!"

Snoopy: „Stimmt, aber an allen anderen Tagen nicht."

Charles M. Schulz

Für manche lockt der anstehende oder bereits gelebte Ruhestand als Zeit der Entspannung. Für andere ist es der Moment, in dem sie zu neuen Höhen aufbrechen und Rekordjäger werden. Ich unterstelle, dass alle Menschen in unserem Alter früher oder später über Gesundheit und Fitness nachdenken. Beim 35. Abitreffen fehlt der ein oder andere auf einmal. Dabei versterben vor allem die männlichen ehemaligen Mitschüler nicht nur an Herzinfarkt oder Schlaganfall, sondern beim Motorradfahren, Klettern oder Heliskiing. Die Jungs müssen sich auf ihre alten Tage noch mal beweisen und spielen auch gerne Lance Armstrong in den Tiroler Alpen.

Dagegen sprechen für uns Frauen zwei Dinge. Erstens: Keine Ehefrau möchte ihren Kerl in diesen Profi-Fahrradklamotten sehen. Die sehen auch nicht an den durchtrainierten Profis gut aus, geschweige denn an, in die Jahre gekommenen Bankbeamten. Es soll Damen geben, die Männe verleugnen, wenn er so aufkreuzt. Die meisten dieser Herren sind bis zur Unkenntlichkeit ausgerüstet. Hautenges Trikot, mit dem Sponsor des sportlichen Vorbilds beim Nummer-1-Rennstall, eine Hose die in der Körpermitte keine Fragen mehr offen lässt und ein Helm, der das lichter werdende Kopfhaar verbirgt. Der Bauch dieser Männer wölbt sich meist spitz nach vorn und die dünnen Beinchen ragen wie bei Comicfigur Big Buck aus dem massigen Körper. Am Mitleid erregendsten sehen diese Figuren aus, wenn sie gerade nicht auf dem Rad sitzen. In den Klickschuhen können sie nicht laufen und staksen wie die Störche durch die Gegend. Zum Glück tragen diese Radfahrer in aller Regel eine Sonnenbrille, die das halbe Gesicht bedeckt. Den eigenen Nachbarn würde man so verkleidet nicht erkennen. Also, sexy ist anders. Die Optik ist ein absolutes No Go, da stimmt ihr mir sicherlich zu.

Das zweite, das uns Frauen am Rennradfahren missfällt: es ist einfach irre gefährlich. Die Herren versuchen bei ihren Alpenüberquerungen nicht nur besonders schnell nach oben zu kommen, sondern lassen es auf der Abfahrt krachen, als ginge es für sie um den Sieg bei der Tour de France. Einen Bekannten hat es dabei dermaßen zerbröselt, dass der Sturzhelm in tausend Teile zersprungen war. Auch vom Menschen war nicht mehr viel übrig. Wer sich in diesem Alter derart die Berge hinunterstürzt, der möchte sterben. Altersschwäche und Siechtum bleiben diesen Zeitgenossen immerhin erspart. *Er wurde mitten aus dem Leben gerissen* steht dann in der Todesanzeige. Den Ruhestand genießen definieren viele von uns aber sicher anders.

Doch nicht alle suchen ihr Glück in schweißtreibenden Radtouren - manche satteln liebe ein PS-starkes Zweirad.

Überall Steppenwölfe

Ein weiteres Phänomen sind die Männer, die am Ende ihres Berufslebens entdecken, dass sie ja mit 18 den Motorradführerschein gemacht haben. Irgendwo hinten in der Garage steht noch so ´ne alte Zündapp. Sie stammt aus alten Zeiten, als die Kerle mit dem Ding bis nach Südspanien gefahren sind. Erinnerungen werden wach, an die Touren, bei denen sich die Jungs Zeitungspapier als Isolierung in die Motorradjacken gesteckt haben. Gefühlt ging mehr Zeit mit der Reparatur und dem Tunen drauf, als mit dem eigentlichen Fahren. Die schlanke Zündapp wirkt unter dem etwas breiter gewordenen Wohlstandshintern schnell ein wenig zu klein. Außerdem hat vor dreißig Jahren schon der Vergaser schlapp gemacht. Etwas Zeitgemäßes muss her.

Schnell wird bei Ebay das gebrauchte Objekt der Begierde entdeckt. Eine Harley Davidson Fatboy. Das Symbol für Freiheit und Rebellion. Das richtige Gefährt für gemütliche Touren durch die deutschen Mittelgebirge. Auf der Soundanlage zu Hause laufen plötzlich wieder die alten Bands. AC/DC, Led Zeppelin und die Rolling Stones. Der Look der leicht in die Jahre gekommenen Motorradhelden gleicht auch wieder dem in den 70iger Jahren. Cowboystiefel, karierte Hemden und die Haare einen Tic länger, das fühlt sich für Retro-Rocker richtig gut an. *Born to be wild* pfeifend wird das Zweirad auf Hochglanz poliert und schon bald gleitet der Easy Rider Jahrgang 1960 über die deutschen Highways.

Bei den ganz harten Jungs darf es aber auch etwas Sportlicheres sein.

Rennsemmeln nennt mein Mann diese Teile, in die der Fahrer regelrecht eingeschweißt werden muss und mit so angewinkelten Beinen drauf sitzt, dass sich die Fersen in die Pobacken drücken.

Sollte sie sich je als Beifahrerin auf den Sozius dieser Höllenmaschinen wagen, ist ihr das Mitleid der anderen Verkehrsteilnehmer gewiss. Hinten thront Frau nämlich mit dem Allerwertesten direkt über dem Abgrund und überragt den Fahrer um einiges. Wie ein Affe auf dem Schleifstein - dieser bekannte Vergleich muss auf diese Art Motorradfahren zurückgehen. Während der Fahrt hält sie sich krampfhaft an ihm fest. Unterhalten geht gar nicht und die Gegend angucken geht auch nicht, weil sie sich stromlinienförmig hinter ihn quetschen muss. Sei also froh, liebe Motorradbraut, wenn dein Göttergatte nur mit ´ner Harley ankommt. Da gibt es Modelle mit Schalensitzen in denen man während der Fahrt sogar ein Nickerchen machen kann. Ich weiß wovon ich spreche. Glücklich schätzen können sich auch die Motorradbräute, deren Mann nur das Zweirad schreddert und nicht gleich sich selbst. Auch da schreibe ich aus Erfahrung.

Hat euer Mann seine Motorradphase unbeschadet überstanden und die Maschine verstaubt endlich in der Garage oder steht zum Verkauf, könnt ihr allen Schutzengeln danken! An dieser Stelle dürft ihr verschweigen, dass er das nächste Gefährt mit Rädern vor sich herschieben wird und die Einkäufe in ein Netz packt, das zwischen den Griffen baumelt. (Siehe Titelbild)

Ja, Männer vor oder während des Ruhestands wollen es häufig noch mal wissen, ganz unabhängig von ihrem körperlichen Zustand. Ein namhafter Triathlet, der jetzt Manager und Best Ager trainiert verriet mir: wenn die Frauen in mein Training kommen, wollen sie etwas für ihre Gesundheit tun und Bauchfett verlieren. Männer kommen und sagen *Ich will 'nen Ironman machen.* Ja, genau. Diese Sportart, bei der man erst knapp vier Kilometer im offenen Meer schwimmt, dann 180 Kilometer mit dem Rad fährt, um anschließend noch lässig einen Marathon zu laufen. Ich glaube, das ist absolut die richtige Sportart für Männer ab 50. Bestimmt hat Gott bei der Schöpfung genau so gedacht: Opa liest nicht nur den Enkeln vor, der verlangt seinem Körper jetzt noch einmal alles ab!

Laufen, Radfahren und Schwimmen kann doch jeder

Das Problem beim Triathlon ist das Schwimmen! Korrekte Technik lernt man nur in ganz jungen Jahren. Was Hänschen nicht lernt....gell! Nun will es aber der ungeschriebene Ironman-Ehrenkodex, dass die Schwimmstrecke im Freistil absolviert wird, im Volksmund auch Kraulschwimmen genannt. Diese hochkomplexe Art der Fortbewegung im Wasser ist wahrlich nicht jedermanns Sache. Eine ordentliche Wasserlage zu erreichen erfordert viel Training in Kindertagen! Kurz vor der Rente ist das eine echte Herausforderung. Brustschwimmen, das die meisten Menschen auch nur leidlich beherrschen, ist keine Alternative. Man stelle sich vor die

Horde Athleten sprintet ins Wasser, die Sportler setzen zu je einem anmutigen Kopfsprung in die Wellen an und ausgerechnet ihr zieht eure Bahnen dann im Bruststil. Ein bisschen wie Oma. Am besten noch mit einem Scherenschlag und hilflos gleichzeitig angesetzten Arm- und Beinzügen. Bitte nicht! Also ist Freistil angesagt. In der Theorie ganz einfach. Der Schwimmer liegt flach auf dem Wasser, paddelt mit den Beinen und schwingt rhythmisch abwechselnd die Arme nach vorn, taucht mit der Hand zuerst ein, um dann unter Wasser kräftig bis auf Hüfthöhe durchzuziehen. Dabei wird selbstverständlich unter Wasser ausgeatmet und seitlich Luft geholt. Wir reden hier von Könnern wie Michael Groß, Franziska van Almsiek oder auch Michael Phelps. In der traurigen Realität der meisten Ironman-Amateure gerät der Beinschlag viel zu kraftlos, der Körper hängt schlaff im Wasser und die Arme werden in einem viel zu kleinen Winkel direkt neben dem Kopf ins Wasser geführt. Das Resultat ist ein planschendes Wesen, das nur langsam von der

Stelle kommt. Auch die längsten Trainingsrunden in den umliegenden Badeseen bei Wind und Wetter können da nicht viel dran ändern. Beim ersten Wettkampf kommt der Einsteiger als letztes aus dem Wasser, zusammen mit den anderen Best A-gern die vor ihrer Berufung zum Triathleten schon Jahre kein Schwimmbad mehr von innen gesehen haben. Den Frei- und Fahrtenschwimmer (ja, so hieß das Abzeichen vor dem Seepferdchen) haben sie in Kindertagen eher wegen des sozialen Drucks oder aus purem Überlebenswillen erworben, oder weil Mutti es sich zu Weihnachten soooo gewünscht hat.

Also muss es das Radfahren herausreißen. Radfahren kann jeder und die Schnelligkeit hängt hier wirklich maßgeblich von der Trainingsintensität ab!

Das führt dazu, dass an heißen Sommertagen Scharen von Rennradfahrern die Straßen bevölkern. Schön anzusehen ist das zum Beispiel auf der original Ironman-Strecke nördlich von Frankfurt. Die verläuft zwischen der Mainmetropole und Friedberg in der Wetterau. Da hängen die Schilder und zeigen wo es langgeht, für alle die den Helden der Szene nacheifern. An Tagen, an denen wir Genussmenschen und Gelegenheitssportler lieber in die Badeanstalt fahren, quälen sich die zukünftigen Finisher über den heißen Asphalt, mittags, bei 33 Grad und völliger Windstille. Je oller, je doller. Dieses Sprichwort kommt mir immer genauso in den Sinn, wenn ich die sonnenverbrannten, betagten Körper auf dem technischen Meisterwerk aus Kohlefaser, anatomisch exakt angepasst, über die Gasse strampeln sehe. Was freue ich mich da über meine kleine Kühlbox im Auto, bestückt mit leckeren Oliven, Käsewürfeln und Proseccodöschen für einen gemütlichen Tag am See. Dafür bin ich dann auch nicht am Abend des großen Wettkampftages im TV zu sehen. Keine Kameras offenbaren, wie ich mit letzter Kraft und weißem Schaum vor dem Mund bei einsetzender Dämmerung, dem Zieleinlauf entgegen taumele und kurz vor dem *auf die Knie fallen* noch eine Medaille um den mageren Hals gehängt bekomme.

Okay. Solch großartige Momente entgehen mir. Dafür kann ich an den folgenden drei Tagen auch völlig normal gehen, auf einem Stuhl sitzen und bekomme keine Magenkrämpfe bei der nächsten festen Mahlzeit. Der Ruhestand treibt manch seltene Blüte, zeigt aber beeindruckend, was jenseits der 60 noch alles geht.

Die Frau, das soziale Sportwesen

Frauen sind, was den Sport im fortgeschrittenen Alter angeht, wesentlich klüger und sozialer, als ihre Männer. Egal was sie machen, sie können immer das Wort Gruppe hinten ansetzen. Frauen haben eine Jogginggruppe, gehen zur Gymnastikgruppe, zur Nordic-Walking-Gruppe oder treffen sich frühmorgens im Freibad mit ihrer Schwimmgruppe. Das Gesellschaftliche steht eben im Vordergrund. Frau möchte ein Schwätzchen halten, sich austauschen und nebenbei noch etwas für die Gesundheit tun.

Gefahr und Abenteuer spielen bei 90 Prozent der Damen keine Rolle. Jeder Arzt wird euch allen gerne schriftlich geben, wie gesund dieses Verhalten ist.

Bei einem österreichischen TV-Sender, dessen Sponsor vor allem Risikosportarten fördert, gab es eine interessante Diskussion. Es ging um die vielen Toten bei Lawinenunglücken und um Bergsteiger-unfälle. Die rein männliche Gesprächsrunde beschäftigte sich mit der Frage, wie man das alles sicherer machen könnte. Bessere Lawinenwarnung, bessere Ausrüstung, schnellere Rettung. Am Ende führte der Älteste der Teilnehmer sämtliche Erkenntnisse ad absurdum. Er stellte ganz lakonisch fest: wir Männer müssen einfach das machen, was die Frauen tun, dann geschieht uns nichts. Nachweislich seien nämlich mehr als 90 Prozent der Opfer am Berg Männer. Frauen hätten ein besseres Gespür für die Gefahr und gingen keine unnötigen Risiken ein. Wohl gesprochen. Ich ergänze noch: Frauen brauchen nicht so viel Bestätigung von außen.

Auch deswegen haben wir Frauen eine deutlich höhere Lebenserwartung als die Männer. Dazu kommen aber noch unsere neuen Familienmitglieder mit vier Pfoten. Um die geht es im nächsten Kapitel.

4. Die Hundeeltern

„Der größte Schauspieler der Welt ist mein Hund.

Wenn er Hunger hat, kann er so tun, als ob er mich

liebt."

Marlon Brando, Schauspieler

Das letzte Kind hat immer Fell, weiß der Volksmund. Schaut euch im Bekanntenkreis um. Da gibt es zahllose Beispiele. Ist aber erst ein Hund im Haus, können wir von Ruhestand oft nicht mehr wirklich sprechen.

Während die Männer jenseits der 50 versuchen, ihre ohne Sport verbrachten Jahre zu kompensieren, oder die Möglichkeiten ausloten, sich mit ihrem Hobby unter die Erde zu befördern, kauft Frau sich lieber einen Hund. Es gibt zahllose Beispiele, bestimmt auch in eurem Freundeskreis. Sind die Kinder aus dem Haus, braucht die Glucke wieder was zum streicheln, füttern und betutteln. Wie schon Hundepapst Martin Rütter so treffend beschrieb: Bei der Auswahl des Welpen, der in die Familie aufgenommen werden soll, schießt bei der Dame des Hauses die Milch ein. Natürlich nur im übertragenen Sinne. Gemeint ist: Die Hirnareale, die für die Vernunft zuständig sind, blockieren, Hormone übernehmen und der tapsige kleine Kerl darf einziehen.

Jetzt hat Männe endgültig verloren. Musste er sich bei anwesenden Kindern schon ins zweite Glied begeben, kann er sich bei der Aufnahme eines Welpen ganz weit hinten anstellen, wenn es um das Stillen gewisser Bedürfnisse geht.

Die Zeiten abendlicher Massagen auf dem Sofa sind vorbei - also für den Ehegatten.

Waldi, Sammy oder Nala, wie immer euer vierbeiniger Nachwuchs auch heißen mag, wird natürlich liebevoll gekrault und mit Leckerchen verwöhnt.

Wusstet ihr eigentlich, dass Frauchen ihre Hunde im Grunde nur in speziellen Hosen zum Gassi gehen führen kann? Ja, es gibt extra Hosen vom Hundeversand, mit extra Taschen für das viele Zubehör. Wem das noch nicht reicht, der rüstet sich mit einer Gassi-Tasche aus. Da kann man die Hundekotbeutel reinpacken (in der Not auch gefüllt), Spielzeug und eine Wasserflasche falls das Tier unterwegs Durst verspüren sollte. Eine Coladose für Frauchen passt eventuell auch noch hinein.

Jetzt sind dem Outdoor-Erlebnis des Hunde-Frauen-Gespanns keine Grenzen mehr gesetzt. Die Göttergattin verschwindet halbe Tage in der Natur, um mit dem Wuff die Gegend zu erkunden. Aktive Erholung im Ruhestand nennt man das. Plötzlich kennt eure Frau, meine Herren, auch ganz neue Leute in der Nachbarschaft, die euch noch gar nicht aufgefallen waren. Das sind Menschen, die ebenfalls einen Hund haben. Wie die mit Vor - oder Nachnamen heißen, kann euch eure Frau auch nicht sagen, wohl aber weiß sie, wie der Hund heißt.

Mit diesen Hundebekanntschaften streift sie fortan durch die Felder. Einziges Gesprächsthema:

der Hund. Wie kommt ihr ohne Bellen an anderen Hunden vorbei, warum zieht meiner eigentlich immer so an der Leine und wie häufig muss eurer Kacka. Ja, richtig. Die Inhalte dieser Gespräche ähneln wieder jenen, als die Kinder noch klein waren und im Kindergarten Streit mit anderen hatten. Erziehung, Ernährung, Verdauung.

Die Wochenenden und mindestens ein Abend in der Woche, sind für die Hundeschule reserviert. Tut euch den Gefallen liebe Männer, und geht da mal vorbei. Hier könnt ihr für´s Leben lernen. Beim Agility zum Beispiel. Einem Hundesport bei dem Frauchen und Hund einen Parcours mit verschiedenen Hindernissen bewältigen müssen. Der Hund rast wie ein D-Zug durch Tunnel, springt über Balken, läuft über Brücken und turnt durch Slalomstangen wie einst Felix Neureuther. Ihr werdet Zeuge, wie eure sonst so selbstbewussten Frauen sich von einem Hundetrainer um die vier Ecken jagen lassen, häufig mit recht despektierlichen Ausdrücken gespickt. Denn zum flinken Hund gehört ein fast so schnelles Frauchen, das mit der Hand präzise Anweisungen geben kann. Da die Jahre an euren Gattinnen vermutlich auch nicht spurlos vorbeigegangen sind, muss Frau sich ganz schön sputen und beendet die Hundestunde meistens schwer atmend. Der Hundetrainer hat eine tolle Zeit, denn endlich kann er hier Frauen zeigen wo es langgeht. Ein Kerl der weiß wie Hunde ticken und der wundersame Wege aufzeigen kann, wie der Vierbeiner und Frauchen ein unschlagbares Team werden. Kein Wunder, dass die meisten Hundetrainer von den Weibern vergöttert werden. Merkt ihr was? Im nächsten Leben werdet ihr Hundeversteher - schon klar.

Wenn ihr da noch zu Hause punkten wollt, empfehle ich Hundegeschenke.

Die Augen eurer Frauen werden leuchten, wenn sie einen neuen Futterbeutel auspacken, ein paar unzerstörbare Frisbees für den Champ unterm Weihnachtsbaum liegen, oder ihr ihnen gar eine Reise ins Hundehotel spendiert. Da trefft ihr übrigens auf ganz viele andere Ruheständler.

Ein Hund gibt im Ruhestand Struktur

Eine Erfindung der Hundefraktion die wirklich starke Nerven vom nicht erziehenden Ehepartner (Mann) erfordert, ist der Hundeklicker. Viele Trainer bestehen auf diesem Utensil, verspricht es doch die emotionsfreie Konditionierung des Hundes. Der Weg zum erfolgreichen Klickertraining führt leider über das Kombinieren von Klick-Geräusch und Futtergabe. So wie es Verhaltensforscher Pawlow 1905 schon herausgefunden hat: die Verbindung von einem Geräusch und der Futtergabe löst beim Hund ein positives Gefühl samt Speichelbildung aus. Am Ende reicht das Geräusch, um diesen Effekt zu erzielen. Klick - und der Hund ist gut drauf. Deine Gattin übt also zu Hause: Klick-Futter-Klick-Futter-Klick-Futter, um später brenzlige Situationen mit dem Hund zu meistern. Etwas nervig, aber die Geduld zahlt sich in vielen Fällen aus.

Interessant wird es, liebe Herren der Schöpfung, wenn eure Frau klickert und bei euch ebenfalls der Speichel fliest. Hier ergeben sich Synergien. Die sogenannte Win win Situation. Frauchen hat ein Erfolgserlebnis, der Hund ist glücklich und auch Herrchen kann profitieren. Geht einfach zum Kühlschrank und belohnt euch mit einer Scheibe Salami oder ein paar Oliven und Käse. Ab sofort löst der Klicker auch bei euch ein Wohlgefühl aus - Pawlow sei Dank.

Es wird der Tag kommen, an dem eure Frauen den Hund mit ins Bett nehmen möchten. Das kann schon im Welpenalter sein, ganz sicher aber passiert es nachdem der Hund mehrere Abende jaulend vor der Tür verbracht hat. Vielleicht weil es Gewitter gab. Oder im Ort wurde das alljährliche Feuerwerk gezündet. Vor allem Vierbeiner aus dem Tierschutz haben jetzt große Chancen, ins Allerheiligste aufgenommen zu werden - das Ehebett. Der Hund hat doch bestimmt Schreckliches erlebt und Verlust-und Verlassensängste! Die Frage ist, wer von den Ehepartnern dann früher weich wird. Frauen haben großes Geschick darin, es so aussehen zu lassen, als sei Männe derjenige, der den Vierbeiner im Bett haben wollte. „Du hast doch gesagt, hol ihn rein!" , tönt sie. Kein Wunder, dass er schwach wurde, weil diverse schlaflose Nächte hinter den Eheleuten liegen, weil James der Yorkshireterrier oder Leo der Berner Sennenhund winselnd vor der Schlafzimmertür gelegen haben. Der arme Kerl. So allein. Was Männe nicht weiß. Diesem Verhalten geht ein Lernprozess des Hundes voraus. Hat der erst einmal festgestellt, dass er den Menschen in Sachen Konsequenz und Hartnäckigkeit deutlich überlegen ist, ist die Eroberung des Ehebetts ein Klacks.

Das meine ich ernst. Von Hunden kann man lernen ein Ziel anzuvisieren und auch zu erreichen. Ich kenne niemanden, der einen Vorsatz so hartnäckig verfolgen kann wie mein Jack Russell Terrier. Das Zauberwort heißt Fokus! Wenn der Russell was will, beispielsweise endlich gefüttert werden, dann hat er nur diesen einen Gedanken. Stundenlang kann er vor mir sitzen, zum leeren Napf laufen, mich mit seinem Blick hypnotisieren, bis ich zum Futterkasten gehe, ihm seine Portion mit etwas warmem Wasser und Hundefleisch aus der Dose anrichte. Immerhin habe ich erreicht, dass er artig auf dem Teppich wartet, bis ich das Futter freigebe. Ein Pyrrhussieg. Bei nächster Gelegenheit klopft er mich sicher wieder weich, auch weil sich mein Mann beim Futter gerne einmischt. „Du hast schon gegessen und der Hund hatte noch nichts? Das geht ja gar nicht", schimpft er dann. Das schlechte Gewissen wird beiderseits gerne gegen den Ehepartner eingesetzt. So entsteht schnell ein hübsches Dreieck des sich gegenseitig unter Drucksetzens. Der Hund lernt sehr schnell das für sich zu nutzen. Gibt es wirklich Menschen, die die Intelligenz von Tieren in Frage stellen?

Buhle, buhle, Hundeschule

Beim Füttern sind die Männer übrigens insgesamt gerne auf Bahn eins. Hier engagieren sie sich überdurchschnittlich, ahnen sie doch, dass man mit wenig Aufwand ganz groß beim Vierbeiner punkten kann. Beiße nie die Hand die dich füttert, das ist das Credo von Hund und Herrchen. Hier erleben Frauen, dass die ganzen Gassi-Kilometer und Hundestunden beim Trainer nicht zählen, wenn Männe die Leckerchen auspackt oder den Hund sogar am Tisch füttert. Mit einer einzigen kleinen Geste werden sämtliche Erziehungsversuche von Frauchen torpediert. Das typische Netzwerken von Männern im langen Berufsleben erlernt, funktioniert auch hier. Das geheime Band zwischen Hund und Herrchen wird schnell geknüpft. Wenn ihr, meine Damen, wissen wollt, was die beiden treiben, wenn ihr nicht dabei seid, hilft nur Überwachung. Hat der Hund einen Tracker, könnt ihr nachvollziehen, ob die Gassirunde eures Gatten wirklich so lang war wie er behauptet. Viel wahrscheinlicher ist aber, dass das Gerät gerade am Ladekabel hängt, während er in der Pflicht ist. Schnell will er euch beruhigen und sagt sowas wie:„Schatz, der Tracker war alle. Ich habe ihn ans Ladegerät gehängt - müsste wieder voll sein. Wir haben einen tollen Spaziergang gemacht. Wir haben den Lumpi und die Nelly getroffen, und unser Sammy hat drei Häufchen gemacht." Wer es glaubt!!

Interessanterweise funktioniert diese Art der Bestechung und Kollaboration seitens des männlichen Hunde-Erziehungsberechtigten hervorragend. Frustriert stellen wir Frauen fest, dass bei den seltenen gemeinsamen Spaziergängen der Eheleute, der Hund auf den Pfiff unserer Männer erstaunlich verlässlich angerannt kommt. Ihr lasst euren Gatten wissen, wie schön es ist auch Verantwortung abgeben zu können, und fragt euch heimlich, wie er das macht. Er war noch nie in der Hundeschule, benutzt falsche Kommandos und weiß gar nicht wie man

Konsequenz schreibt. Dass er in solchen Momenten, wenn Hundi auf seinen Ruf genau das macht, was er soll, leicht triumphierend lächelt, ignoriert ihr einfach. Nein, noch besser, ihr gönnt ihm diesen kleinen Sieg. Spätestens wenn der Vierbeiner sich im Bett überwiegend in die Kniehöhle eures Gatten kuschelt und ihr selbst ungestört schlafen könnt wird er feststellen: Karma strikes back.

Zum letzten Lebensdrittel gehört also unbedingt ein Hund. Eheleute im Ruhestand lernen sich hier ganz neu kennen!

5. Die Alles-Planer

„Aus Angst vor den Jacob Sisters! Mit ihren komischen Pudeln zerstören sie doch jede Atmosphäre.“
Showmaster Rudi Carell über die Gründe, warum er kein öffentliches Begräbnis wünschte.

Das Leben ist ganz ähnlich wie Urlaub. Die erste Hälfte vergeht langsam, fast träge. Du glaubst alle Zeit der Welt zu haben. Ab der zweiten Hälfte nimmt dein Dasein aber Fahrt auf. So wie die letzten Urlaubstage förmlich dahinschmelzen, vergehen die Lebensjahre jenseit der Vierzig wie im Fluge. Schwupps befindest du dich im Ruhestand und am Horizont winkt schon das Jenseits. Das lässt sich schwer verleugnen.

Nichts ist deshalb während des letzten Lebensdrittels so inspirierend und lebensbejahend, wie ein Gang über den Friedhof. Schließlich wollen sich viele von uns zeitnah darum kümmern, wo ihre

Reise endet. Für viele Ruheständler will alles gut geplant sein. Auch das Finale.

Die einzelnen Gräber offenbaren präzise, welche Art Familie und Angehörige hinter deren Gestaltung stecken. Beim Betrachten dieser Beispiele deutscher Friedhofs-Kreativität, nehmen wir uns automatisch vor, ab jetzt gesünder zu essen, mehr Sport zu treiben und regelmäßig zum Arzt zu gehen, um unser Ableben möglichst weit hinaus zu zögern.

Also: Da gibt es die liebevoll gepflegten Grabstätten. Vierteljährlich wird neu bepflanzt, die Marmorränder sind immer sauber gefegt und in einer Plastik-Steckvase sind stets frische Blumen, der Jahreszeit angepasst. Der Grabstein war ersichtlich teuer, die Beschriftung ist etwas zu opulent. *Hier ruht ein geliebter Mensch*, schreit einem dieses Ensemble entgegen. Ein Mensch der viel Geld hinterlassen hat, ergänzt der Betrachter im Geiste. Solche Vorzeige-Ruhestätten wecken immer das schlechte Gewissen in uns. Hier gießen die Angehörigen noch selbst, auch bei 35 Grad im Sommer. Das lässt uns die überbordende Blütenschar im Juli wissen. Hier kommt nicht die Gärtnerei und pflanzt, das machen die Kinder der Verstorbenen mit Liebe regelmäßig mit ihren eigenen Händen! Egal wann man an diesem Grab vorbeikommt, es kniet immer eine Person davor, gräbt und pflanzt oder rennt mit Gießkannen. Hier möchte ich einen netten Buchtipp einfügen: *Wer erbt muss auch gießen!* Von Renate Bergmann. Ich beneide die Autorin um diesen Satz. Wieviel Wahrheit in den wenigen Worten steckt. Ein ganzes Universum.

Von den liebevoll gepflegten Ruhestätten geht es zu den minimalistischen Varianten. Da gibt es die traurigen, verwahrlosten Beispiele: Gräber, die zur Hälfte mit einer Platte abgedeckt, zu anderen Hälfte von grünen, blütenlosen Bodendeckern überwuchert werden. Die Begrenzung mit den Randsteinen lässt sich nur erahnen unter dem Gestrüpp. Ein schmuckloses Kieferngewächs windet sich über die

Grabfläche und giert nach Wasser. Seine Wurzeln reichen bis tief unter die Erde und holen das letzte aus dem Boden heraus. Die Blätter der Grünpflanzen sind immer noch mit dem Saharastaub aus dem vergangenen Sommer bedeckt. Man möchte einen Lappen nehmen und drüber wischen. Hier liegen Menschen begraben, deren Kinder im Ausland leben, an einer Uni in den USA lehren oder als Ingenieur in Australien arbeiten. Keiner der vielen Friedhofsbesucher hält hier inne, um der Toten zu gedenken. Diese Gräber verschmelzen optisch mit dem Rasen und den vielen Bäumen. Die hier liegen sind vergraben und vergessen. Wenn eure Kinder ein Engagement in Übersee anstreben, macht euch schon mal mit dem Anblick dieser Gräber vertraut. So werdet ihr einst unter der Erde schlummern. Wenn ihr keine Kinder habt sieht es übrigens genauso aus. Es muss euch aber nicht wirklich stören – ihr selbst bekommt es ja gar nicht mehr mit!

Bei der nächsten Ruhestätte wollte wohl einer ganz sicher gehen, dass der Verstorbene nicht wieder rauskommt: ein Grab komplett aus Marmor! Ein rechtwinkliger Grabstein mit Druckbuchstaben, knapp beschrieben wer hier liegt und wie lange er oder sie auf der Erde gewandelt ist. Abgedeckt ist die Grabstätte mit einer tonnenschweren Marmorplatte, zehn Zentimeter dick. Es bedarf sicher einer starken Truppe von sechs bis acht Männern, um dieses Monstrum auf das Grab zu legen, oder schweres Baugerät kam zum Einsatz. Hier herrscht immer Ordnung und auch herbstliche Orkanböen oder die Frühjahrsstürme können dieser Grabstätte nichts anhaben. Geradezu verletzlich wirkt die Zinnvase, die sich auf der massiven Platte ein bisschen verliert und in die ab zu ein paar langstielige Nelken gesteckt werden. Das Grab von und für pragmatische Perfektionisten! Nichts kann verrutschen, da ist schnell drüber gefegt. Vielleicht kann man die Grabeinfassung später wieder verwenden – für sich selbst. Nachhaltigkeit liegt ja im Trend! Ich weiß genau, wie es bei den Angehörigen der so Bestatteten zu Hause aussieht. Die gesamte Wohnung weiß gefliest, schwarze Designer-Ledermöbel, hier und da verliert sich ein geschmacksneutrales Bild an der Wand. Haustiere gibt es nicht, die machen zu viel Dreck. Man wähnt sich in einer Möbelausstellung, wobei da wenigstens Plastikäpfel in einer Schale dekoriert sind. Diese Wohnungen und Häuser sind nicht zum Leben - die sind zum Vorzeigen. Genauso wie das Grab.

Dann gibt es noch die überpflegten Gräber. Es wächst, blüht und gedeiht auf diesen Grabstätten, wie im Frankfurter Palmengarten. Pflanzen jeder Art und Farbe drängeln sich auf zu wenig Erde. Das Rot der Rosen beißt sich mit dem Orange der Chrysanthemen, deren Geschwister das Auge in Purpur martern. Außerdem tummelt sich hier allerlei Kitsch. Porzellanengelchen, Steine mit Aufschriften und Kunstblumen. Der Grabstein aus dunkelrotem

Marmor hat die Form eines Herzens und die Bilder der Verstorbenen sind direkt neben dem Sterbedatum angebracht. Möchte man wirklich wissen, wie die Menschen aussahen, die sich jetzt drei Meter unter der Erde befinden? Aber, da darf man sicher sein, sie wurden geliebt!

Beim Anblick der Auswüchse der deutschen Beerdigungskultur wünscht man sich unwillkürlich in einen Friedwald. Kein Wunder, dass die alternativen Bestattungsmethoden so boomen.

Eine bescheidene Plakette an einer Buche zeugt von den hier Verscharrten. Es ist bestimmt die kostengünstigste und zugleich romantischste Art menschliche Überreste zu verwahren. Hier ruhen Naturfreunde, Puristen und/ oder Menschen, deren Angehörige sich ein richtiges Grab auf einem Friedhof nicht leisten können oder wollen.

Wer seine Asche in die Nordsee kippen lässt, kann sicher sein, dass die Nachfahren keinen Ärger mit der lästigen Grabpflege haben. Ihr müsst auch nicht in vertretbaren Intervallen zum Grab pilgern, um der Verblichenen zu gedenken. Originell ist es auch noch. Allerdings müssen die Anhänger dieser Art, die Verstorbenen Teil der Materie werden zu lassen, seefest sein. Es gibt bestimmt nichts Unwürdigeres als bei den Worten des Pfarrers auf schwankendem Boot und dem Verteilen der sterblichen Überreste ins Wasser, über der Reling zu hängen und sich die Seele aus dem Leib zu kotzen. Nicht auszudenken, wenn sich die Asche von Papa mit dem halbverdauten Inhalt ihres Magens im Salzwasser ......Nun ja. Eine Seebestattung will gut überlegt sein.

Das ist ja überhaupt die Frage, die man sich zu Lebzeiten stellen sollte: will ich meinen Körper so komplett wie er beim letzten Atemzug noch ist, tief unter der Erde wissen, oder ist eine Verbrennung nicht irgendwie - na sagen wir appetitlicher? Eine Urnenbestattung ist auch erheblich ökonomischer und die Grabpflege der ca. 80 Zentimeter im Quadrat großen Grabstätte deutlich weniger intensiv als die Gräber mit den Särgen! Man spart auch die Träger der Stadt. Meistens Rentner in billigen schwarzen Jacken und mit fragwürdiger, verblichener Kopfbedeckung, die sich hier ein paar Euro dazu verdienen. Die Urne können die Angehörigen selbst an Ort und Stelle bringen. Das hätte dem Verstorbenen sicherlich gefallen. Auch den Unsinn, dass Feuerbestatteten der Zugang zum Paradies verwehrt bleibt, glaubt niemand mehr. Also sorgt per Testament dafür, dass es vor eurer Beerdigung noch mal heiß her geht.

Geht neue Wege - auch beim letzten Gang

Wenn ihr mir eurer Art der Bestattung neue Maßstäbe setzen wollt, dann ist das hier vielleicht etwas für euch - die *Reerdigung*! Damit könnt ihr auch hierzulande nachhaltig sterben. Wir dürfen gespannt sein, wann dieser Trend aus den USA flächig zu uns herüber schwappt. Im Bundesstaat Washington, das ist der ganz oben links, können sich Menschen nach ihrem Ableben kompostieren lassen. In wabenartigen Boxen wird der Leichnam innerhalb von 40 Tagen zu dem was er im Sarg unter der Erde auch irgendwann wird: Kompost. Nur, dass bei dem anbietenden Unternehmen in der Nähe von Seattle, der Vorgang beschleunigt wird. In einer Art Turbo-Komposter wird der Leichnam auf Pflanzen gebahrt und während der Aufbewahrungszeit gut feucht gehalten. Die menschlichen Überreste, die nach der Prozedur wirklich wie Rindenmulch mit Erde aussehen, werden anschließend beigesetzt und aus ihnen können wieder Blumen und Bäume wachsen. Sollten in der eher braunen Masse Zähne und Knochen zu erkennen sein, werden diese zermahlen und der Ausgangssubstanz wieder zugesetzt, versprechen die Anbieter. Möchte man das wissen? Auf jeden Fall ist das ganz sicher eine der umweltfreundlichsten Arten diese Welt zu verlassen und ihr nach wie vor beizuwohnen. Nützlich ist man auch noch.

Denn, so wirbt der Betreiber der Kompostierungs-
anlage: eine Feuerbestattung ist eine echte CO_2-
Schleuder. Die Kompostierung dagegen umwelt-
freundlich.

Bei uns in Deutschland bietet das Startup *Cir-
culum Vitae*, diesen Service an.

Was kommt da wohl alles an modernen Beiset-
zungsmethoden noch auf uns zu? Vielleicht schickt
man unsere sterblichen Überreste bald auf eine un-
endliche Reise ins All oder beerdigt sie auf einem
Planeten. Der Fangesang der Sportfans bekäme
dann eine ganz neue Bedeutung: „Auf dem Mars,
auf dem Mond - überall ein .. hm hm .. wohnt"

Ist die Art der Beisetzung in eurem Testament verfügt, solltet ihr euch auch dringend, solange ihr
noch klaren Verstandes seid, Gedanken über den
Trauergottesdienst machen. Es ist nicht alles schön
am Ruhestand.

Auf Trauerfeiern sollte mehr gelacht werden

Vielleicht denkt ihr das auch: Auf meiner eigenen Beerdigung sollen sie nicht nur heulen und schon gar nicht schwarz tragen. Das Leben war doch schön und prall. Da darf der letzte Gang doch nicht so elend ausfallen. Vergesst es!

Ich war auf einer Beerdigung, bei der der Verstorbene verfügt hatte, dass niemand in Schwarz kommen sollte. Natürlich habe ich mich aus Respekt vor dem Toten und seinem Vermächtnis daran gehalten - als einzige. Sämtliche Trauergäste die vorher geschworen hatten sie kämen in Alltagsklamotten, kamen bei 30 Grad in tiefschwarzer Trauerkleidung. Ich, in Jeans und T-Shirt kam mir vor wie die Kirsche auf der Pizza.

Mein Rat: Bevor ihr in bunter Klamotte zu einer Beerdigung geht, werft einen schnellen Blick in die Friedhofskapelle und überprüft, wie die anderen aussehen. Ganz sicher könnt ihr gehen, indem ihr schwarze Ersatzkleidung im Auto mitführt und euch im Zweifelsfall schnell umzieht.

Und - egal wie lustig der oder die Verblichene auch war, Humor ist auf deutschen Friedhöfen völlig fehl am Platze. Nichts ist so peinlich und deplatziert, wie Gelächter in einer Friedhofskapelle oder an einer Grabstätte. Genau deswegen passiert es aber immer wieder. Genau weil es komplett daneben ist auf einer Beerdigung zu lachen und man es sich in jedem Falle verkneifen muss, will der Lacher manchmal raus. Man kann sein eigenes Humorempfinden ja nicht einfach abschalten. Die Wissenschaft begründet das Lachen in solchen Situationen mit Übersprungsverhalten. Im Angesicht großer Gefahr, oder Dingen, die wir schwer verarbeiten können, lacht der Mensch, um sich zu entziehen.

Stellt euch vor, die Kapelle ist schon voll und eine große Schar der zahlreichen Besucher verfolgt die Trauerfeier vor dem Gebäude. Dafür hat man extra Lautsprecher aufgestellt, damit den Gästen kein Wort der Predigt entgeht. Nun ist es ein schöner

Brauch, dass bei Beerdigungen gesungen wird. Der etwas betagte Pfarrer hat seine Worte direkt in das Mikrofon gesprochen. Er war so auch wirklich gut zu vernehmen. Leider singt er auch direkt in das Mikrofon und im Gegensatz zum Inneren der Kapelle hört man draußen keine Orgel sondern nur den Gesang dieser einzelnen, wackligen Männerstimme. Schief. Er trifft keinen Ton, gibt aber alles. Und dann sagt der Herr neben ihnen: „Oh. Don Kosaken." Und dann versucht nicht zu lachen. Was für ein Albtraum!

Überliefert ist auch die Geschichte einer Urnenbestattung in Frankfurt. Das Gefäß mit der Asche des im hohen Alter Verstorbenen, wird von einem Friedhofsdiener quer über das riesige Gelände des Hauptfriedhofs getragen. Immer wieder müssen die ihm folgenden Angehörigen abbiegen, um das Grab am gefühlt äußersten Rand des Areals zu erreichen. Es ist Sommer. Es ist heiß. Der Weg nimmt kein Ende. Als die Gruppe endlich an der kleinen Grube mit dem Holzkreuz ankommt, entfährt es der Witwe: „Ei, des hätt´ de Schorsch auch nimmer laafe könne!" Zum Glück bekam ich diese Geschichte nur erzählt und war nicht persönlich dabei.

Wunderschön und süß ist diese Anekdote.

Der Opa einer Großfamilie hat, hoch in den Achtzigern, das Zeitliche gesegnet. Es ist Dezember. Kurz vor Weihnachten. Die große Trauergemeinde quetscht sich in die Kapelle. Unter den vielen Familienangehörigen ist auch ein Enkel des Verstorbenen mit einer leichten, geistigen Behinderung. In der ersten Reihe verfolgt er gespannt und konzentriert die Worte des Pfarrers. Nach seiner Predigt und der ausführlichen Würdigung des Lebens des Großvaters, Vaters, Onkel und Ehegatten, will der die Gemeinde zum gemeinsamen Gebet auffordern.

Mit der üblichen Ruhe und Gesetztheit, die dieser Berufssparte eigen ist, formt er langsam seine

Worte: „Lasst uns...", hier macht er eine kurze Pause, die der Junge dankbar nutzt.

„Froh und munter sein!", tönt es von der vorderen Bank.

Alles lacht! Ich bin mir ganz sicher, der Opa hätte seinen Enkel umarmt!

Also - wenn ihr eure eigene Beerdigung plant, baut doch etwas Humor ein. Es ist so befreiend, auf einer Trauerfeier auch zu lachen. Wir sind die Babyboomer. Wir müssen nicht alles so verfügen, wie unsere Eltern!

Mit Musik geht alles besser

Die Gäste bei einer Trauerfeier kann man sich in aller Regel nicht aussuchen, üblicherweise darf jeder kommen, der möchte. Es sei denn, ihr macht es wie Rudi Carell. Der verfügte seinerzeit, dass seine Beerdigung im privaten Rahmen stattfindet, damit nicht plötzlich die Jacobsisters mit ihren Pudeln auftauchen. Eine weise Entscheidung, die auch noch den typischen Humor des Entertainers widerspiegelt.

Ganz sicher Einfluss nehmen solltet ihr auf die Musik, wenn ihr über die Trauerfeier testamentarisch verfügt. Ein wichtiger Punkt, den viele unterschätzen. Stellt euch vor, ihr habt ein oder zweimal volltrunken zu *Atemlos* von Helene Fischer gegrölt und gefeiert und schon meinen eure Freunde und Angehörigen, das müsse dringend auf der Trauerfeier laufen, weil es euer Lieblingssong ist. Atemlos - passt zwar rein inhaltlich, ist aber ein absolutes No Go, da stimmt ihr mir sicher zu. Es empfiehlt sich eine Index-Liste anzulegen. Ich arbeite schon mal vor: *Time to say goodbye, Knockin´on heavens door* und *Candle in the Wind.* Letzter Song ist für immer mit Lady Di und der Version *Goodbye England´s Rose* verbunden. Ihr möchtet euch sicher nicht mit der verstorbenen Princess of Wales vergleichen.

Sollte sich Sir Elton John zu eurer Trauerfeier anmelden, darf er selbstverständlich singen was er möchte.

Wenn ihr euren Angehörigen bei eurer Trauerfeier eins auswischen wollt, verfügt, dass dringend gesungen werden muss. Mindestens fünf verschiedene, möglichst unbekannte Kirchenlieder. Wenn ihr, wie ich unterstelle, irgendwann im Frieden mit eurer Familie dahinscheidet, dann könntet ihr überlegen, den Gesang wegzulassen. Vor allem wenn er nicht eurem Wesen entspricht. Es gibt nämlich kein Gesetz, das das Singen auf Trauerfeiern vorschreibt.

Als wir die Beerdigung für meinen, im hohen Alter verstorbenen Vater geplant haben, waren meine Schwester und ich uns einig, dass Singen überhaupt nicht in seinem Sinne gewesen wäre. Beim Gespräch mit dem Pfarrer reagierte dieser aber recht indigniert auf den Wunsch den Gesang wegzulassen. Nur schwer konnten wir ihn überzeugen, dass ein paar instrumentale Orgelstücke und Klaviermusik von meinem Cousin, einem Berufspianisten, viel mehr dem Geschmack meines Vaters entsprachen. Die Gäste wunderten sich schließlich, dass keine Gesangsblätter auslagen, verfolgten die wirklich gute Predigt aber gebannt. Beim anschließenden Kaffeetrinken sprachen viele Gäste den Pfarrer auf die wunderschöne Trauerfeier an. Fast alle schlossen mit den Worten: Und wissen Sie was am besten war? Dass wir nicht singen mussten!

Der Geistliche quittierte diese positive Kritik mit einem gequälten Lächeln und versprach uns anschließend, diesen Punkt mit dem Singen für zukünftige Beratungen zu überdenken.

Ich persönlich will ja später in einen Friedwald! Und wehe, außer den Vögeln singt einer!

6. Nicht altern ist nur eine Frage der Chirurgie

„Mit dem Alter werde ich immer interessanter für

meinen Mann!"

Schriftstellerin Agatha Christie. Ihr Mann war Archäo-

loge.

Nachdem der Mount-Everest ohne Sauerstoff be-stiegen ist, Menschen zur Titanic hinabgetaucht sind und Captain Kirk wirklich mit einer Rakete ins All geflogen ist, ist es wohl die letzte Herausforde-rung der Menschheit: in Würde altern. Wann das beginnt, ist Definitionssache, ganz sicher ist es ein Thema für Menschen im Ruhestand.

Was nehmen unsere Zeitgenossen nicht alles auf sich, um vor allem den Gesetzmäßigkeiten der Schwerkraft entgegen zu wirken. Dabei ist sie völlig natürlich - so wie Isaac Newton sie im 17. Jahrhun-dert schon beschrieben hat. So sicher wie ein Apfel vom Baum fällt, so sicher will die dünne Haut unter unseren Augen ebenfalls nach unten! Auch die

Wangen haben ab einem bestimmten Alter eine klare Abwärtstendenz.

Warum lässt man ihnen nicht ihren Willen?

Die Antwort ist ganz einfach: Weil wir uns alle jünger fühlen, als unser Körper und unser Gesicht es widerspiegeln! Die Zeiten, in denen Oma auch aussah wie eine Großmutter, sind vorbei. Die mittleren Jahre, auch garderobentechnisch, reichen von 30 bis 60. Das sagt nicht nur Modeguru Guido Kretschmer. Da gehören bei den Damen knallenge Hosen genauso dazu, wie lässige Hoodies und Sneaker, kurze Kleidchen und modische Tops. Bei den Herren ist es noch einfacher. Jeans, Sportschuhe und Hemd mit Pullover können Männer eigentlich fünfzig Jahre lang tragen. Ach was. Sechzig!

An der Klamotte sind Menschen nach dem 50igsten Lebensjahr also fast nicht von den Schulabgängern und Berufsanfängern zu unterscheiden. Eine Ausnahme machen Profifußballer. Aber der Vergleich mit den Paradiesvögeln in der Bundesliga in ihren Designerfummeln kann hier vernachlässigt werden. Beim Einkaufen lässt sich beim Best Ager ein verändertes Verhalten feststellen. Neue Bekleidung wird jetzt gerne online bestellt, denn dann kann man sie zu Hause anprobieren. Im Laden, bei hartem Licht und mehreren Spiegeln in der Umkleide, die einen auch von hinten und der Seite zeigen, sieht auch das angesagteste Kleidungsstück unvorteilhaft aus. Das Licht aus den modernen Scheinwerfern hebt die unschönen Dellen an den Oberschenkeln hervor und die Haut der Oberarme wirkt seltsam schlaff und fahl. Wenn ich den Ausstattern von Bekleidungeshäusern einen Tipp geben sollte: Installiert doch bitte warmes Licht und Mogelspiegel, die die Menschen ein bisschen schlanker aussehen lassen. Ihr werdet euch wundern, wie eure Umsätze steigen. Solange kaufen wir gerne remote - da muss man der Bedienung nicht sagen, welche Größe es denn sein soll. Zu Hause kann man sich viel besser selber veräppeln. Zum Beispiel können wir uns einreden, dass eine Kleidergröße mehr einfach bequemer ist. Wir würden ja auch in die alte Größe passen, aber warum sich quälen, wenn es deutlich angenehmer geht. Ein guter Trick ist es auch, auf Modelabel zurückzugreifen, die etwas legerer geschnitten sind. Das gilt auch für den analogen Einkaufstrip. Wenn mir eine Verkäuferin was hinhält was in S/M oder Größe 38 passt, kauf´ ich es sofort. Egal wie es aussieht und was es kostet.

Die günstigen Firmen dagegen, die für die jungen Leute schneidern, wollen ja gar nicht, dass es der Generation aus dem letzten Jahrtausend passt. Teens und Twens wollen doch nicht die gleichen Marken tragen, wie die alten Leute. Also wird gaaaaanz eng geschnitten, Hosen, die normal gebaute Frauen, die vielleicht auch schon Nachwuchs hatten, nicht mal bis zum Knie hochziehen können. Das ist dann angeblich Hosengröße 29, und Frau stellt entsetzt fest, dass sie, daran gemessen, bei diesem Label vermutlich Größe 34 braucht. Die vom Verkaufspersonal bringen zu lassen ist entwürdigend. Bestellen möchte man diese zeltartigen Kleidungsstücke aber auch nicht. Ich rate bei Menschen im fortgeschrittenen Alter zu den teuren, amerikanischen Marken, die in gewohnten Größen passen. Die Amerikaner sind insgesamt etwas kräftiger gebaut und schon gleiten wir Damen in eine Nummer kleiner. Was für ein erhebendes Gefühl. Auch skandinavische Label lassen Platz für ein Speckröllchen, oder ein etwas ausgeprägteres Gesäß. Da sieht Frau nicht aus wie Wurst in Pelle, sondern fühlt sich gleich viel schlanker. Ja, alt werden heißt auch die guten Tricks kennen.

Hier müssen wir klar zwischen den Geschlechtern unterscheiden. Männer finden es nicht so traumatisch, wenn sie plötzlich eine Größe mehr brauchen. Viele geben vor, ihre Größe gar nicht zu kennen und erleben Hosen - und Hemdenkauf jedes Mal wieder neu. Beneidenswert oder oberflächlich - urteilt selbst liebe Damen, wie ihr euren Mann einschätzt. Die Männer gefallen sich fast immer und der Kauf ist schnell getätigt. Das bleibt so von der Wiege bis zum Grabe.

Dick sein ist relativ

Neulich gab es im Fernsehen eine interessante Reihe, eigentlich über Kinder. Eine Gruppe Teenager wurde eine Woche lang in ein Ferienhaus gepackt und von Pädagogen beobachtet. An einem Tag ging es darum, wie die Kinder sich vor dem Spiegel fühlen. Was sagt ihnen ihr Körper? Was gefällt ihnen an sich selbst, was würden sie gerne ändern? Es wird euch nicht überraschen zu hören, dass die Mädchen alle an sich herum mäkelten. *Meine Oberschenkel sind zu dick, ich mag meine Arme nicht und warum habe ich am Bauch so eine Rolle?* Das waren die typischen Kommentare der 14jährigen Girls. Die Jungs fanden sich allesamt klasse. *Ich hätte gern mehr Muskeln*, befanden die meisten, sonst aber hatten sie an ihren Körpern nichts auszusetzen. Und jetzt ratet mal wie das gleiche Experiment bei den Eltern der Kinder gelaufen ist? Die Männer standen mit Figuren, die vom sportlichen Ideal weit entfernt waren, vor dem Spiegel und mochten sich. *Ja, ich könnte ein bisschen abnehmen, aber grundsätzlich ist alles in Ordnung!* So der Tenor bei den Vätern.

Die Mütter zerfleischten sich selbst vor dem Spiegel. *Ich leide schon lange unter meiner breiten Hüfte, ich habe so undefinierte Oberarme und die Dellen an meinen Beinen verstecke ich immer unter langen Hosen!* Ach, liebe Frauen! Wie sollen denn Mütter, die so selbstquälerische Gedanken kultivieren, selbstbewusste und ihren Körper bejahende Mädchen erziehen? Oder ist das in unseren Genen verankert, dass wir Frauen nur die Fehler bei uns sehen?

Fakt ist, dass davon gleich mehrere Berufszweige profitieren: Fitnesscoaches, Schönheitschirurgen, Diätberater. Um nur drei zu nennen. Frauenzeitschriften verkaufen sich auch wegen der immer wieder variierenden Diäten so gut, Fernsehsendungen widmen sich mit Enthusiasmus dem Übergewicht der Konsumenten. Und das Ergebnis? Die Menschen werden mit den Jahren immer dicker.

Das ist auch kein Wunder. Ernährungsexperten und Ärzte reden sich wund bei der Anstrengung den Leuten beizubringen, dass Diäten nichts bewirken, außer, dass man anschließend wieder zunimmt und auf das Ursprungsgewicht noch was drauf packt. Der berühmte Jojo-Effekt. Also - lasst die Finger von Diäten. Geh´ gleich zu Schönheitschirurgen. Die sind wenigstens ehrlich. Die meisten jedenfalls. Wenn ihr Fett absaugen lasst, ist es weg. Kostet einen Haufen Geld, aber der Erfolg ist sofort sichtbar, auch wenn ihr die Bilder von der blutigen, gallertartigen Masse die da martialisch aus eurem Bauch oder Oberschenkel abgesaugt wird, nie wieder aus dem Kopf kriegt. Die gute Nachricht ist, dass Frauen, die sich ab 65 Jahren noch operieren lassen, in aller Regel kein höheres Risiko eingehen, als ihre jungen Geschlechtsgenossinnen. Das behauptet jedenfalls die *American Academy of Dermatology.* Ausschlaggebend sei der gesamte gesundheitliche Zustand. Die Statistik führt OPs aller Art bei bis zu

80jährigen. Also an ran an den Speck, im Ruhestand ist endlich Zeit dafür.

Das was einige Frauen zu viel an Fett haben, fehlt für die Schlanken an anderer Stelle. Die noch immer beliebteste Schönheits-OP ist nämlich die Brustvergrößerung. Laut einer Umfrage vom *Ärzteblatt,* denkt fast jede fünfte Frau darüber nach, sich die Brüste zu vergrößern. Im Jahr 2023 war mehr als jede 10. Schönheitsoperation eine Brustvergrößerung, nachzulesen bei der Deutschen Gesellschaft für Ästhetisch-Plastische Chirurgie. Nach dem Skandal um minderwertige Implantate, bei dem ca. 5000 Frauen allein in Deutschland betroffen waren, darf es bei den meisten aber eigenes Material sein. Wie praktisch! Am Oberschenkel wird's abgesaugt und oben kommt es wieder rein. Ich glaube hier kann man von nachhaltiger Schönheits-Chirurgie sprechen! Alles wird wieder verwendet, kaum etwas landet im Müll.

Eine der Top-5 beliebten OPs bei den Frauen ist die Lid-Korrektur. Wenn das gut gemacht ist, sieht man kaum etwas, außer, dass die Augen wieder strahlen und nicht so müde aussehen. Das war in den Anfangstagen der Schönheitschirurgie anders. Überambitionierte oder auch einfach schlechte Chirurgen nahmen an der Lidfalte zu viel Haut weg und schon schauten die betroffenen Frauen wie mein Hund wenn es donnert! Weit aufgerissene Augen, die befürchten ließen, dass sie auch nachts offen stehen. Wohl der Frau, die ihr Schlafzimmer komplett verdunkeln konnte, sonst kam zum typischen Wechseljahrsproblem der schlaflosen Nächte aufgrund von Hormonumstellungen, noch das Problem des ewigen Lichteinfalls dazu. Guten Chirurgen passiert das nicht mehr. Wenn sie Hand anlegen, sieht der unvoreingenommene Betrachter nicht, wo und ob überhaupt geschnitten wurde. Das gilt auch für Straffungen, über die man früher sagte, dass die Haut hinter den Ohren festgetackert ist. Allein die etwas eingeschränkte Mimik, die völlig faltenlose Stirn und die unnatürlich verjüngenden Apfelbäckchen verraten: hier hat Frau mit Hilfe der modernen

Medizin nachgeholfen. Das Lächeln erreicht die Augen nicht mehr.

In der weiblichen Promiwelt gibt es immer noch zahllose Beispiele übertriebener Gesichts - und Körpermanipulation. Erschreckenderweise gewöhnen sich vor allem die US-Amerikaner an diesen Schönheitstrend. Würstchenlippen, Apfelbäckchen und Stuppsnasen regen dort niemanden mehr auf. Nur die so *verschönerten* Schauspielerinnen wundern sich, dass sie im Alter keine Rollen mehr kriegen. Könnte daran liegen, dass diese Berufsgruppe auch *Mimen* genannt werden. Das kommt von dem Wort *Mimik* und die findet in solchen Gesichtern ja nicht mehr statt.

Tupperparty war gestern

Auch Männer bleiben nicht verschont, wenn es darum geht, die Zeichen der Zeit zu kaschieren. Eine der beliebtesten Schönheitsoperationen für ältere

Männer ist die Haarverpflanzung. Das rührt wirklich an einen Punkt, der sehr schmerzhaft für die Herren der Schöpfung sein muss: schwindendes Haupt-haar. Schnell wird Männe deutlich älter geschätzt, als er wirklich ist, wenn sich die Fransen auf dem Oberkopf lichten und er die Platte auf dem Kopf mit Sonnencreme versorgen muss. Jahrhundertelang musste das tatenlos hingenommen werden. Haar-wässerchen, die Züchtung eines Vollbartes oder das radikale Rasieren der Reste auf dem Oberkopf soll-ten Abhilfe schaffen oder zumindest vom Problem ablenken. Jetzt nutzen immer mehr Männer die Verpflanzung ihres eigenen Haares vom Hinterkopf auf die kahlen Stellen vorn. Berühmte Vorbilder für eine gelungene Prozedur sind Schauspieler Kevin Costner und Fußball-Kulttrainer Jürgen Klopp. Beide haben keinen Hehl daraus gemacht, dass sie sich den Kopf mit einer Art Häkelnadel haben traktieren lassen, um die eigenen Haarwurzeln einzupflanzen. Das Sympathische an der Methode ist tatsächlich, sie wirkt nicht künstlich. Das Ergebnis sieht absolut natürlich aus, wenn es gut gemacht ist. Ist ja auch das eigene Haar!

Natürlichkeit gelingt den meisten Frauen bei ihren Eingriffen leider nicht. Bei vielen Veränderungen beschleicht den Betrachter eher Mitleid als Bewunderung. Man kann nur ahnen, wie die Behandelten sich gerade fühlen und was sie denken. Sehen tut man es nämlich nicht mehr. Die Gesichtszüge sind eingefroren und einige Ladies schauen permanent so konsterniert aus der Wäsche, dass man sie kneifen möchte, damit sie mal laut losprusten und das Gesicht verziehen.

Trafen sich die Damen der Gesellschaft früher noch bei Tupper-Parties oder Charity, versammelt man sich jetzt gerne bei Prosecco und Häppchen um ein steriles Tablett mit Botox-Spritzen. Nur gut, dass sich bei Corona eine Welle der Ablehnung gegen den Pieks in den Arm aufgebaut hat. Beim Nervengift gegen Stirnfalten oder Lippenfalten hören die Bedenken bei vielen Menschen eben auf.

Und noch so ein Phänomen!

Ich werde nie verstehen, warum sich Frauen Ohren und Nasen operieren lassen! Ich habe als Teenie selbst unter meinen vermeintlich zu großen Ohren gelitten. Bis ich gelesen habe, dass eher große Lauscher von Kreativität zeugen, von Offenheit und Neugier. Seitdem schaue ich mitleidig auf Menschen mit kleinen Ohren. Es gibt vermeintliche Makel, die sollte man einfach aussitzen. Mit den Jahren verlieren sie ihre Schrecken. Die Zeit danach nennt man Selbstbewusstsein. Und wenn das alles nicht hilft, dann googelt einfach bis ihr die entsprechende Statistik für euer Problem findet. Die Wissenschaft hat so ziemlich alle Zusammenhänge erforscht und verbreitet Erkenntnisse wie:

- *Menschen mit ausgeprägter Labialfalte sind intelligenter*

- *Wer sich weniger schminkt hat eine höhere Lebenserwartung*

- *Männer mit lichtem Haupthaar sind besser im Bett*

- *Frauen mit kleinen Brüsten sind sinnlicher*

usw. (die obigen Beispiele sind frei erfunden, aber googelt mal. Vermutlich wird es noch absurder)

Oder schaut auf wirklich erfolgreiche Menschen unserer Generation.

Denkt zum Beispiel an Tennisstar Steffi Graf! Der hat man schon mit 14 Jahren attestiert, ihre Nase sei zu groß. Die Beine der Athletin wurden weltweit gelobt, aber diese Nase! Was für ein Zinken! Und dann noch bei einer Frau. Und jetzt müsst ihr ganz stark sein, liebe Leser:innen: Steffi Graf hat es geschafft, trotz viel zu großer Nase, ein glückliches Leben zu führen. Sie hat, selber ein Weltstar, einen der begehrtesten Tennishelden des letzten Jahrhunderts geheiratet, hat zwei entzückende Kinder mit ihm und lebt ein recht sorgenfreies Leben in einer Villa unter der Sonne Las Vegas´. Die meisten Frauen würden sicher den Brilli aus dem Ehering opfern, um ein solches Leben zu führen. Und die Nase? Ist ein Markenzeichen. Steffi Graf ist eine der attraktivsten Frauen ihrer Altersklasse.

Ganz ehrlich: ich verneige mich vor ihr. Das ist ein Idol. Glaubt an euch selbst, liebe Geschlechtsgenossinnen und macht es mir nach. Ich erhebe das Glas in einem hautengen, ärmellosen Etui-Kleid und winke fröhlich mit der langen Hautfalte, die unter meinem rechten Oberarm baumelt!

7. Und was ist eigentlich mit Sex?

„Essen ist die Erotik des Alters, nicht der Sex!"

Alfred Biolek, Showmaster

Naturgegeben wird das vermutlich das kürzeste Kapitel des kleinen Ratgebers für baldige Ruheständler. Schaun wir mal.

Neulich lief eine Reportage im Fernsehen, in der hat eine 74jährige von ihrem ersten Orgasmus in diesem hohen Alter erzählt. Ihre Ehe war, was diesen Aspekt angeht, wohl eine herbe Enttäuschung gewesen. Mit einer späten Liebe hat es dann noch geklappt.

Wie bin ich erschrocken bei dieser Schilderung. Orgasmus mit 74! Hört das denn nie auf? Was soll man im hohen Alter denn noch alles machen? 80-jährige laufen Marathon, 90-jährige stürzen sich mit einem Fallschirm von der Zugspitze, andere Alte sitzen an der Uni und studieren auf ihre alten Tage Philosophie oder Raketenwissenschaften.

Ich dachte spätestens ab 74 dürfte man endlich einfach nur auf der Couch hocken, seine Lieblingsserie gucken und dem Gärtner sagen, wie er die Hecke schneiden soll.

Wo schlittern wir hin? In eine von Hochleistungs-Greisen bevölkerte, völlig überalterte Gesellschaft, das ist klar. Das Wort Ruhestand trifft für viele Oldies einfach nicht zu.

Kommen wir zurück zum eigentlichen Thema:

Sex im Alter. Da muss der Körper auch mitspielen!

Ich will es aus weiblicher Sicht mit den Worten meiner Hals-Nasen-Ohren-Ärztin ausdrücken, die bei meinen Nasenbeschwerden tief Luft holte und zu einer generellen Erklärung ansetzte: „Frau Schmidt, wir sind ungefähr ein Jahrgang. Ich weiß, wovon ich spreche. Sie haben keine Polypen in der Nase, die sie verstopfen. Frauen in unserem Alter

trocknen aus! Benutzen Sie einfach Befeuchtungs-
sprays für ihre Nase, dann sollten sich ihre kleinen
Beschwerden in den Nebenhöhlen schon bald in
Luft auflösen."

Tja. So ist das. In den Beinen kommt Wasser
dazu, in den mittleren und oberen körperlichen Re-
gionen fehlt es. Wir Baby-Boomer-Frauen sind jetzt
die Zielgruppe für Mittelchen gegen nächtliches
Blasendrücken, Inkontinenzprodukte und Gleit-
cremes. Die Wechseljahre bei den Frauen haben
aber auch ihre guten Seiten. Vor unangenehmen
Hebe-Arbeiten können wir uns nämlich jetzt drücken. Es ist erwiesen, dass das Schleppen schwerer
Lasten, wie zum Beispiel Möbel oder Packungen mit
Laminatdielen, schlecht für den weiblichen Becken-
boden ist. Das heißt, wenn ihr ein Pferd habt, solltet
ihr reiten, das ist gut für die weibliche Muskulatur.
Die schweren Futtersäcke mit 25kg Müsli für den
Vierbeiner sollte euer Mann tragen.

Die Wechseljahre bescheren uns Frauen nebenbei auch noch den lustigsten Begriff zur Beschreibung der weiblichen Biologie: die Menopause. Als ginge es danach noch mal los!

Der Begriff der Menopause stammt aus der ersten Hälfte des 19. Jahrhunderts. Dass wir darüber lachen liegt allerdings an einem Übersetzungsfehler. Pause heißt nämlich korrekt aus dem Altgriechischen übersetzt *Ende*. Und das ist es ja für uns Frauen. Das Ende der schlechten Laune, das Ende des tagelangen Gefühls *Ich bin zwei Öltanks,* und das Ende des mädchenhaft verschämten Austauschs von Tampons. Das bange Warten im fortgeschrittenen Alter auf das endgültige Ausbleiben der *Schönsten,* wie viele Frauen ihre Periode nennen, ist völlig grundlos. Gibt es irgendeine Doppel-X-Chromosomenträgerin jenseits der Wechseljahre, die ihre Tage vermisst? Wenn ja, schreibt mir gerne einen Brief, warum ihr das tut.

Bye bye Pille

Das ist für uns Frauen Ruhestand im wahrsten Sinne des Wortes. Das leidige Thema Verhütung gehört der Vergangenheit an. Vorbei sind die Zeiten mit Pille, Diaphragma oder noch schlimmer Spirale. Welcher Frauenhasser hat die Weiblichkeit eigentlich mit dieser Erfindung gegeißelt? Ich kann es euch sagen: Es war ein Mediziner namens Ernst Gräfenberg. In Berlin experimentierte er mit einem Ring, der zunächst mit Seide umwickelt war. 1920 wurde er mehr als 1000 Frauen eingesetzt. Ein Kupferdraht, den man dann zusätzlich um den Ring gewickelt hatte, konnte die Verhütungsrate signifikant erhöhen. Richtig appetitlich aber wird es, wenn man die Geschichte der Verhütungsspirale weiter zurückverfolgt. Vermutlich haben Kameltreiber die Mediziner auf die Idee eines Intrauerinpessars, so der Fachbegriff, gebracht.

Sie wollten verhindern, dass Kamelnachwuchs auf langen Wanderungen zu Problemen führte. Anstatt den Kamelhengst auf Abstand zu halten, führten sie lieber kleine Steine in die Gebärmutter der bedauernswerten Kameldamen ein. Daher kommt wohl auch der Name: *Intrauterin* heißt Gebärmutter, Pessar könnte von *Pessos, Stein* kommen.

Unglaublich was wir Frauen uns antun, um Sex ohne Folgen zu haben.

Meine Freundin Elke, die aus Berlin stammt, formulierte es so: „Hör ma uff mit da Spirale! Ick kam ma vor wie uffjespießt!" Das Einsetzen des minikleinen Intrauterinpessars ist mitunter so schmerzhaft wie eine OP am offenen Bauchraum. Vor allem bei Frauen, die noch keine Kinder haben. Anschließend drohen die so Behandelten bei jeder Periode zu verbluten. Ihr könnt euch während eurer Tage, die auch meist noch länger andauern als üblicherweise, nicht wirklich von einem Badezimmer oder WC entfernen, weil ihr so oft Tampon oder Binde wechseln müsst. Ihr werdet zum Sklaven eurer Verhütung.

Wirklich sicher ist diese Methode auch nicht. Bis zu drei von 1000 Frauen werden trotzdem schwanger.

Nee, das brauchst du alles nicht.

Auch keine Pille, deren Beipackzettel bei jedem Leser eigentlich für kaltes Grausen sorgen müsste. Ein Wunder, dass bei den zahlreich attestierten Nebenwirkungen und Gefahren überhaupt eine Frau die Pille nimmt. Kein Mann würde täglich etwas schlucken, das die Gefahr an Krebs zu erkranken vervielfacht, für eine Gewichtszunahme sorgt und die Wahrscheinlichkeit einer Thrombose signifikant erhöht. Um nur drei der zahllosen Nebenwirkungen zu erwähnen.

Da ist es nur gerecht, dass das Thema jetzt auch mal von ihm - nun sagen wir - in die Hand genommen wird. Stichwort Sterilisation. Immer mehr Männer entscheiden sich für diesen Schritt, oder lassen sich dazu von ihrer Frau überreden. Die Partnerinnen dieser so fortschrittlich eingestellten Spezies können völlig ungehemmt vögeln, ohne die

Sorge einer ungewollten Schwangerschaft. Wenn Frau denn Lust darauf hat.

Es ist eine Binsenweisheit in langen Beziehungen: Frauen brauchen es ab einem gewissen Zeitraum nicht mehr, oder nicht so oft – Männer schon. Biologisch völlig klar: Frauen nach der Menopause können keine Kinder mehr kriegen, warum also sollten sie sich mit nächtlichen gymnastischen Übungen quälen, wenn nichts Produktives dabei herumkommt. Er kann im Gegensatz bis ins hohe Alter für Nachwuchs sorgen. Braucht man Väter, die der Urgroßvater der Kids sein könnten, die sie vom Kindergarten abholen? Geschmacksache. Am Ende lässt sich alles auf die Steinzeit zurückführen. Der kriegerische Mann war ständig mit dem Tod bedroht und versuchte sich deshalb möglichst häufig fortzupflanzen. Frauen drohten bei jeder Geburt zu sterben, oder das Kind, oder beide. Deswegen war eine möglichst häufige Reproduktion, auch mit wechselnden Partnerinnen, durch den Mann durchaus angezeigt.

Heute ist die gesundheitliche Versorgung für Mutter und Kind natürlich viel besser. Es gibt keinen Grund mehr, eine Überzahl an Kindern zu produzieren, um die Sterblichkeit auszugleichen. Bei aller sorgfältigen Planung könnten es aus demografischer Sicht in Deutschland ein paar Kinder mehr sein, aber das steht auf einem anderen Blatt.

Nachdem die Kinder aus dem Haus sind, wollen Familienmamas auch meistens wieder arbeiten und setzen andere Prioritäten als ein sexuell aktives Eheleben.

Aber das ist vermutlich ein Grund, warum viele Ehen auch noch in diesem späten Stadium scheitern! Eigentlich hat man die Ernte eingebracht, denkt sie. Die Kinder sind groß und wohlgeraten, machen ihr eigenes Ding. Das Haus ist fast abbezahlt und das letzte Lebensdrittel liegt wie eine einzige Verheißung vor dem Ehepaar. Wäre da nicht das leidige Thema mit dem Beischlaf. Die Ausreden sind mannigfaltig: *Er hat vergessen, wie das mit dem Vorspiel geht,* meckert sie. Sie hat Muskelkater vom Ashtanga-Yoga oder der Hund im Bett fängt an zu knurren, sowie Herrchen Frauchen an den Hintern greift. Die Außenwelt macht aber Druck. Bewusst oder unbewusst. Ihre Freunde zwinkern sich beim Pärchenabend verschwörerisch zu und machen zweideutige Bemerkungen. Bestimmt landen die nach dem Essen sofort zu Hause rammelnd in der Koje. Immer noch verliebt, wie vor 25 Jahren, lassen einen diese Vorzeige-Ehepaare wissen. In Frauenzeitschriften ist beschrieben, wie es auch nach drei Jahrzehnten Ehe im Bett noch funzt. Alles Show! Macht bitte nicht den Fehler und glaubt den vielen Statistiken die besagen, dass der durchschnittliche Deutsche alle drei Tage Sex hat. Bei dieser Art von Befragung war entweder der Interviewer oder der Auskunftgebende besoffen. Die Wahrheit sieht anders aus, es spricht nur keiner darüber. Schafft euch eure eigene Wahrheit. So wie ihr es macht, ist es goldrichtig. Es kann aber nicht schaden, im Bett wieder für ein bisschen mehr Action zu sorgen.

Alkohol kann da durchaus eine Lösung sein, meine Herren. Eine kleine Dosis Wein, Bier oder Likör wirkt bei eurer Göttin bei schwindender Libido Wunder. Schließt den Hund aus, entzündet eine Kerze und sorgt vor allem dafür, dass es saunawarm im Zimmer ist. Vielleicht schaut ihr vorher noch gemeinsam einen animierenden Film. Unserem Alter angemessen sind zum Beispiel *Brücken am Fluss,* *Wenn Liebe so einfach wäre* und *Unsere Seelen bei Nacht.*

Bei rotem Licht sieht auch die altersmüde Haut knackig aus und der leichte Schwips enthemmt uns in verträglichem Maße und macht den Partner auch noch ein bisschen schöner. Viel Spaß bei ´ner schnellen Nummer auf dem Sofa im Wohnzimmer.

Noch ein Tipp für den Sex im Alter: habt die Telefonnummer des ärztlichen Notdienstes in greifbarer Nähe. Schwächeanfälle brauchen eine schnelle Hilfe, Zerrungen können bis zum nächsten Tag warten.

Fakten, Fakten, Fakten

Was sagt eigentlich die Wissenschaft über das Sexualverhalten von Menschen, bei denen die biologische Uhr schon abgelaufen ist? Die Tendenz der Erkenntnisse aus der Forschung geht dahin, dass Menschen mit hohem IQ weniger Sex haben. Aus verschiedenen Gründen.

- Sie sind sapiosexuell. Das heißt sie stehen auf Menschen mit hohem Intellekt. Das wiederum bedeutet, die Auswahl von Sexualpartnern wird geringer. Wer kann schon von sich behaupten hochintelligent zu sein?

- Sie brauchen es nicht. Intellektuelle haben so viel anderes zu tun, da bleiben die Betten schnell kalt.

- Hochintelligente sind häufig nicht so attraktiv. Sie legen Wert auf andere Sachen als einen attraktiven Körper oder Outfit. Oft wirken Sie auch etwas vergeistigt.

- Sie sind nicht konfliktbereit. In Beziehungen reden sie nicht so gern. Wenn es dann im Bett nicht läuft.....läuft es halt nicht. Bloß nicht drüber sprechen müssen.

Habt ihr jetzt gedacht *Mein Gott muss ich intelligent sein*? Tja. Immerhin gibt es schlimmere Gründe für eine Flaute in Sachen Sex.

Verhütung ist jetzt sein Thema

Häufig lähmt aber auch die Angst vor ungewollter Reproduktion die Lust. Gerade ältere Herren haben es oft noch einmal mit einer jüngeren Partnerin zu tun und Verhütung ist wieder ein echtes Thema. Auch Frauen mit 50 können noch schwanger werden. Solange sie ihre Periode haben, kann das passieren. Und da sind wir doch wieder bei der Sterilisation. Darüber wollten wir noch sprechen. Fast vergessen. Aber so billig kommen die Männer hier nicht davon.

Eheleute, die noch jeweils am Anfang des fünften Lebensjahrzehnts stehen und vor **ihrer** Menopause kommen häufig auf die Idee, dass Verhütung jetzt auch sein Thema sein könnte. Eine Sterilisation, Fachbegriff Vasektomie, schafft alle Schwierigkeiten aus dem Weg. Der Eingriff sei unkompliziert, schmerzfrei und schnell vergessen, so unterstützen Experten diese Idee der Verhütungs-Gleichberechtigung. Sterilisierte Männer hätten keine Einschränkungen beim sexuellen Empfinden, heißt es in Informationsblättchen. Unter Männern kursiert sogar das Gerücht, dass es danach noch besser und länger geht. Schließlich werden da nur ein paar Samenleiter durchtrennt. Bildlich gesprochen: der Kanone geht es gut, sie feuert auch noch, die Ladung ist halt nicht mehr scharf! Wenn Mann also wild entschlossen ist, diesen endgültigen Schritt zu gehen und der Reproduktion für immer Adieu zu sagen, gilt es sehr schnell einen Urologen zu finden, der die Sache erledigt. Sonst überlegt es sich der zu allem Entschlossene doch wieder anders. Und, ganz wichtig: schaut vorher nicht in irgendwelche Internet-Foren, in denen sich Männer über die Sterilisation austauschen. Nein. Nicht googeln! Tut es nicht!! Auch danach nicht, wenn ihr liebe Herren, mit dem Eisbeutel zwischen den Beinen auf der Couch liegt und euch fragt, in welchem Zustand geistiger Umnachtung ihr dieser Prozedur zugestimmt habt.

Und dann, liebe Männer, auch bitte zum Nachsorge-Termin gehen und abklären, ob die kleine OP auch erfolgreich war. Ihr wäret nicht der erste, der trotz Sterilisation noch einmal für Nachwuchs sorgt. Kann auch rechtlich interessant werden, wenn ungeplanter Nachwuchs ansteht. Für die meisten Herren ist die Schnippelei an ihrem besten Stück offensichtlich aber so traumatisch, dass sie danach die Praxis ihres Urologen weiträumig umfahren.

Ist der Eingriff geschafft, geht es ans Testen, ob alles noch funktioniert. Liebe Damen, nicht erschrecken. Der Löffel eures Mannes, der Paul, der Willi, sein Schwert oder wie immer ihr ihn nennt, hat bald auch wieder die gewohnte Farbe. Schwarz bläulich verfärbt ist er nur ein paar Tage, direkt nach dem Eingriff. Genießt alsbald die zärtlichen Stunden beim ersten Beischlaf-Versuch nach der OP. So etwa nach einer Woche. Ihr werdet euren Mann nie wieder so erleichtert und hochmotiviert erleben, wie bei der ersten Kopulation nach der Sterilisation. Männer vergessen zum Glück schnell und merken sich nur die angenehmen Dinge. Schon bald schwärmen sie ihren Geschlechtsgenossen von der Vasektomie vor. Nur ein kleiner Schnitt, nicht der Rede wert und der Sex ist hinterher besser als vorher. Was Männer halt so reden, vor allem wenn zwei oder drei Bier im Spiel sind. Im langen Leben das schon hinter euch liegt ist es nur eine Episode. Nicht mehr.

8. Die Patienten

„Der beste Arzt ist jederzeit, des Menschen eigne

Mäßigkeit."

Johann Wilhelm Ludwig Gleim. Dichter.

Mit dem Beschreiten des fünften Lebensjahrzehnts ändert sich so einiges im Alltag der Best Ager und zukünftigen Rentner. Wenn ihr mit euren Freunden essen geht und die Speisekarten verteilt werden, ertönt ein fast gleichzeitiges Klacken. Das kommt vom Aufklappen der Lesebrillen, die mit einer fließenden Bewegung aus den Etuis gezogen werden und schnell auf dem vorderen Drittel der Nase thronen. Die Speisekarte wird noch ein bisschen auf Entfernung gehalten, die Augenbrauen wandern leicht nach oben und schon kann das Menu entziffert werden. Bei der Auswahl der Speisen kommen ganz neue Vokabeln zum Einsatz. Vor allem die Männer werden von ihren Frauen daran erinnert, dass ein Schnitzel mit Sahnesoße zu viel Fett, ein strammer

Max mit Spiegelei zu viel Cholesterin und Tiramisu zum Nachtisch die Tagesdosis an Zucker enthält. Ja, die fetten, unbeschwerten Jahre sind vorbei. Ab jetzt kommen Betablocker zum Einsatz, Medikamente gegen Diabetes und Pantoprazol gegen Sodbrennen. An einem definierten Tag in der Woche werden die Kapseln, Tabletten und Dragees in einen Wochenplaner sortiert und mindestens einmal die Woche ruft er aus dem Auto auf dem Weg zur Arbeit an, weil er vergessen hat, seine Medikamente einzunehmen. Sie fährt dann auf dem Weg zu ihrem Job bei ihm vorbei und bringt sie ihm. So geht Ehe nach 25 Jahren. Das sind die Werte, auf die es ankommt.

Macht euch den Spaß und fragt bei einer Geburtstagsfeier eines Best Agers am kaltwarmen Buffet: „Na, habt ihr alle heute Abend schon eure Tabletten genommen?" Gelächter, Nicken und entsetztes an den Kopf schlagen, weil der Betreffende die Einnahme tatsächlich vergessen hat. Das sind die häufigsten Reaktionen. Kaum jemand kommt tablettenlos durch diese Lebensphase. Die Medikamentengabe wird erst wieder reduziert, wenn ihr kurz vorm Exitus seid. Auf dem Sterbebett wären Tabletten für die Leber oder bessere Harnwerte reine Verschwendung.

Meistens erwischt es Männer heftiger in Sachen Medikamente als die Frauen. Sie gehen jahrelang überhaupt nicht zum Arzt. Ihr Astralkörper braucht ja keine Hilfe und eine Männergrippe wird am besten immer noch mit zwei Wochen Bettruhe auskuriert. Da wird munter gesportelt, gesoffen und geschlemmt bis buchstäblich der Arzt kommt. Der Blutdruck wird maximal einmal pro Dekade gemessen und eine Blutabnahme findet nur beim Laktattest im Fußballverein statt. Frauen halten sich in aller Regel viel verlässlicher an ihre Arzttermine. Einmal im Jahr zur Gynäkologin ist Pflicht, Urin, Blutdruck und Krebsabstrich sind Routine. Den vergleichbaren Weg zum Urologen finden Männer nur, wenn die Nierensteine schon schmerzhaft in der

Harnröhre stecken oder ein später Kinderwunsch ansteht und die junge Geliebte partout nicht schwanger wird. Beim Thema Hausärzte wissen die XY-Chromosomen-Träger meist gar nicht, wo der oder die ihre Praxis haben.

Im Skiurlaub bricht er dann auf der Hütte plötzlich zusammen oder kippt beim Triathlon-Training vom Rad. Völlig erstaunt und geschockt nimmt er dann die Worte der Bereitschaftsärztin wahr: „Mit dem Blutdruck ist es kein Wunder, dass Sie zusammenklappen! Sind das hier ihre Zigaretten?"

Erst jetzt gibt sich der ewig junge Mann geschlagen und im Angesicht des nahenden oder bereits erfolgten Herzinfarkts nimmt er hoffentlich Vernunft an.

Besonders schwierige Kandidaten sind Raucher - das betrifft allerdings die Vertreter beiderlei Geschlechts. Der Arzt könnte ja beim Besuch bemerken, dass sein Patient raucht! Am Ende rät er noch dringend dazu, den Zigaretten Adieu zu sagen! Da rühren Mediziner an die Urangst der Nikotinsüchtigen: Aufhören! Das ist der schlimmste Albtraum! Ist der Herzinfarkt oder auch ein Schlaganfall plötzlich passiert, mutieren die Betroffenen meistens recht unspektakulär und in Raketengeschwindigkeit zu Nichtrauchern. Vor dem einschneidenden Erlebnis aber vertreibt die Angst vor der Androhung der Empfehlung des Verzichts alle vernünftigen Gedanken. Deswegen werden Arztbesuche von passionierten Rauchern meistens ins nächste Jahr verbannt, nach dem Motto, das mache ich dann, wenn ich XY alt bin. Hier könnt ihr eine beliebige Zahl zwischen 50 und 80 einsetzen. Das funktioniert drei Jahrzehnte für viele problemlos. Die anderen werden auf der Intensivstation wach.

Große Hafenrundfahrt, ganz ohne Wasser

Das ist eine der schmerzlichsten Erkenntnisse in den Jahren nach der bösen 50. Der Körper meldet sich zur Inspektion. Ab jetzt werden Arztbesuche zur ungeliebten Routine. Allein die Krankenkasse schreibt schon diverse Vorsorgeuntersuchungen vor, die uns Patienten einiges an Haltung abnötigen. Die Darmspiegelung wird zum Glück auf Wunsch unter Vollnarkose durchgeführt. Wir selbst bekommen nichts davon mit, wie ein hoffnungsvoller Nachwuchsmediziner oder auch Nachwuchsmedizinerin uns einen Schlauch in den Allerwertesten schiebt. Was Studierende der Medizin dazu treibt, einen Beruf zu ergreifen, der *die große Hafenrundfahrt* zum fast täglichen Inhalt hat, wird uns Patienten ewig ein Rätsel bleiben. Oder kennt ihr Kinder die auf die Frage nach ihrem Berufswunsch antworten: „Später werde ich Urologin - so wie Mama!"? Gut, dass es sie gibt, die Urologen, Proktologen, Gynäkologen - keine Frage. Es ist aber immer ein gutes Gefühl, wenn man die alljährliche Inspektion der privatesten Körperöffnungen ohne Befund hinter sich gebracht hat.

Über die Lesebrille, die jetzt bei 80 Prozent der Best Ager zum ständigen Begleiter wird, haben wir ja schon gesprochen. Des Weiteren geht es einigen an die Ohren. Schlecht hören ist lästig, ein Hörgerät aber offenbar auch.

Hä?

Gehört eine Brille noch zu den Statement-Accessoires, die wir aufgrund genetischer Veranlagung auch schon in jungen Jahren brauchen, zeugt ein Hörgerät meist eindeutig von fortgeschrittenem Alter und körperlichem Verfall. Da können Schauspieler und Show-Stars noch so enthusiastisch Reklame machen für die fast unsichtbaren kleinen Hightech-Teile. Die Anschaffung eines Hörgeräts möchten die meisten Menschen ganz weit nach hinten in den letzten Winkel ihres irdischen Daseins verbannen.

Ich wusste früher immer, wenn meine Tante aus Südhessen am Telefon war. Meine Mutter musste so laut schreien, dass wir das Telefonat im ganzen

Haus verfolgen konnten. Meine Tante war als junge Frau im zweiten Weltkrieg Flakhelferin gewesen und die Knallerei hat ihre Ohren zerstört. Sie hätte dringend ein Hörgerät gebraucht, wollte aber keines, wie so viele Menschen. Da hat sie bei familiären Zusammenkünften im Restaurant die Hälfte der interessanten Gespräche eben nicht mitgekriegt. Auch ihrer Leidenschaft für die Werke Mozarts konnte sie nie richtig frönen. Ihr Sohn, ein Pianist, hat wahrscheinlich besonders kräftig in die Tasten gehauen, damit Mama von der wunderbaren Musik auch etwas mitkriegt. Das muss doch nicht sein!

Ich erzähle euch von einer kleinen, sehr interessanten Begebenheit. Vor ein paar Jahren machte ich ein Interview mit einer Hörgeräte-Akustikerin. Die war gerade aus den USA gekommen und hatte sich dort die neuesten Entwicklungen ihrer Branche auf einer Messe demonstrieren lassen. Für die allgemeine Ablehnung von Hörhilfen hierzulande hatte sie überhaupt kein Verständnis und erklärte mir, das sei der *Adolf* in uns.

Ja, Adolf Hitler. Den genau meinte sie. Jetzt fragt ihr euch wahrscheinlich genauso wie ich damals, wie wir von Hörgeräten auf das schmale Brett Hitler und Drittes Reich gekommen sind.

„Naja" erzählte mir die Dame, „in den USA tragen junge Leute Hörgeräte in Pink, Neongelb und Knallblau, damit man sie sieht, damit sie auffallen. Viele Menschen, die schlecht hören, lassen sich an der Stelle über dem Ohr mit dem Hörgerät sogar die Haare kurz schneiden, damit man gut sehen kann, dieser Mensch hat ein Handicap. Denn dann drehen sich die Sprechenden zu den Hörgeschädigten um und die können zusätzlich von den Lippen ablesen."

Sehr schlau und völlig richtig oder?

„Hier in Deutschland", berichtete sie weiter, „da wollen die Leute vor allem, dass man das Hörgerät nicht sieht. Dieser Vorbehalt und diese Angst vor einem Handicap kommen noch von Adolf Hitler. Damals, im Dritten Reich, versteckte man Krankheiten oder Einschränkungen lieber. Nicht perfekt zu sein, war keine Option für die Nazis."

Da habe ich lange drüber nachgedacht und ihr im Nachhinein Recht gegeben.

Also: wenn ihr bei Gesprächen nur noch Bahnhof versteht und am falschen Bahnhof aussteigt, weil ihr die Ansage überhört habt, lasst euch helfen. Der Oscar-prämierte Schauspieler Christoph Waltz macht auch keine große Sache daraus. Sein Hörgerät kann und soll jeder sehen. Aber der ist ja jetzt auch die meiste Zeit seines Lebens in Amerika!

Auch hier empfehle ich wieder eine entsprechende Statistik zu googeln. Die Wissenschaft ist sich einig, dass schlechtes Hören Demenz fördert. Wenn ihr euch also möglichst bis ins hohe Alter vernünftig mit anderen Menschen unterhalten, die Namen eurer Kinder fehlerfrei aufsagen und den Backofen zu gegebener Zeit abstellen wollt, klemmt euch im Zweifelsfall lieber ein Hörgerät hinter die Lauscher.

Aber vielleicht sind eure Ohren ja top und ihr gehört eher zur Fraktion der Menschen mit schlechter werdenden Zähnen. In grauen Vorzeiten würden eure falschen Beißerchen längst in einem Glas neben dem Bett übernachten. Mama oder Papa haben euch einfach schlechten Zahnschmelz oder einen zu kleinen Kiefer vererbt? Was für ein Pech.

Lächeln ist gemalt

Je nach Portemonnaie können wir uns ja mittlerweile die Kauleiste sehr aufwendig und spektakulär renovieren lassen. Nur weil man es kann, muss man aber nicht alles machen. Gerade bei den Herren gibt es jede Menge abschreckende Beispiele, ähnlich den wächsern lächelnden Frauen nach Straffung und Botox.

Die Zahnreihen eines berühmten, zwischenzeitlich abgetretenen Showmasters finden wohl die wenigsten erstrebenswert. Auch der, in einem vorigen Kapitel für seine neue Friese gelobte, Fußball-Kulttrainer hat zahntechnisch zu tief in die Trickkiste gegriffen. Derart ebenmäßige Beißerchen, die aussehen, wie vom Steinmetz gemeißelt, ziehen die ganze Aufmerksamkeit des Betrachters auf den Mund. In aller Regel sind die Ersatzteile etwas zu wuchtig und vor allem viel zu weiß. Nee. Hier ist weniger ganz klar mehr!

Bei diesem Thema sollten wir aber alle über die Maßen dankbar sein, dass die Zahnmedizin solche Fortschritte gemacht hat. Nicht wenige Mittfünfziger dürfen sich wieder wie Teenager fühlen, weil sie im hohen Altern noch Spange, neudeutsch Brackets genannt, tragen um ihre Zahnfehlstellungen endlich zu korrigieren. Mittlerweile sind die verhassten Zahnspangen aus Kunststoff und nicht mehr aus Metall und fast nicht mehr zu sehen. Sie werden häufig sogar auf der Rückseite der aus der Reihe tanzenden Zähne angebracht. Sauerkraut, Mettbrötchen und Toffees stehen dann für ein paar Jahre auf dem Index, damit sich in den Hightechteilen nichts verfängt. Korrekturen und Zahnersatz hören quasi nie auf. Verwaschene Sprache wegen schlecht sitzender Zähne müssen wir nicht mehr fürchten, wenn wir gut versichert sind. Wir werden auf diese Weise leider nicht hinter das Geheimnis der, von der Werbung gepriesenen, Haftcremes kommen, aber auf diese Erfahrung können wir doch alle ganz gut verzichten.

Wie gesagt: ein gepflegtes Gebiss ist auch eine Frage von Versicherung. Und da sind wir bei einem ganz leidigen Thema für uns Ältere kurz vor dem Ruhestand: Geld!

9. Die Altersarmen

„Die Rente ist sicher!"
Norbert Blüm im Bundestag 1986

Ich muss gestehen: In den 80igern ist dieser Satz an mir vorbeigerauscht. Wir sind doch alle gerade ins Berufsleben gestartet. Wer hat damals schon an die Rente gedacht? Jetzt im oder kurz vor dem Ruhestand werden uns die jahrzehntelangen Versäumnisse der Politik schmerzlich bewusst. Wie konnte der sonst so geschätzte Arbeitsminister Norbert Blüm seinerzeit einen solchen Unsinn erzählen? 1986 hätte der gefühlte Zwilling von Uwe Seeler längst wissen müssen, dass die Phase der Babyboomer vorbei ist und Deutschlands Demografie für große Schwierigkeiten sorgen wird. Zurecht wird Blüm immer wieder dafür gescholten, sein Ausspruch zitiert, damit eine der naivsten Aussagen der Nachkriegspolitik nicht in Vergessenheit gerät.

Allein wenn der Jahrgang 1964, der geburtenstärkste Jahrgang des vergangenen Jahrhunderts, in Rente geht, fehlen der deutschen Wirtschaft auf einen Schlag 700.000 Arbeitskräfte. Da geht es um Stellen, die von Fachkräften besetzt werden müssen. Und nicht nur deren Arbeitskraft fehlt, sondern es fehlen natürlich auch die Einzahler in die Sozialsysteme. Die 700.000 sind ja in Rente, das heißt die wollen jeden Monat eine schöne Überweisung auf ihrem Konto haben. Macht euch den Spaß und schaut an den Tagen, an denen die Rentenberater in eurer Firma sind, auf die langen Gesichter derer, die aus der Beratung kommen. Wäre die Rente ein Weihnachtsbaum würden wir sagen *abgeschmückt* oder auch *früher war mehr Lametta.*

2001 der Anschlag auf das World-Trade-Center in New York, 2008 die Lehman-Pleite, viele außenpolitische Probleme und der Hunger in Afrika. Das sind alles Faktoren die Flüchtlinge in Scharen nach Europa verschlagen. Dann Corona und dann noch der Überfall der Russen auf die Ukraine und die Nah-

Ost-Krise. Bei jedem neuen dieser weltweiten einschneidenden Ereignisse konnten wir von unserer erwarteten Rente ein paar Prozent runter rechnen. Auch die private Vorsorge, die sicher viele getroffen haben, schmolz in den letzten zwei Jahrzehnten wie die Gletscher am Nordpol aufgrund der Klima-Erwärmung. Ach ja. Die Versicherungen müssen durch die vielen Umweltkatastrophen auch böse bluten und erhöhen die Beiträge. Geht alles von unserer Altersvorsorge ab! Die Inflation galoppiert zwischenzeitlich und die Prozente mit denen wir unser sauer Erspartes angelegt haben, decken nicht einmal diesen Wertverfall.

Erben ist eine Option. Zwischen den Jahren 2015 und 2024 werden in Deutschland 3,1 Billionen Euro an Vermögen hinterlassen. Das geht aus einer Studio im Auftrag des Instituts für Altersvorsorge hervor. Glücklich all diejenigen, die einen schönen Batzen davon auf ihren Konten wissen.

Sollten die Eltern nichts hinterlassen, können viele nur hoffen, dass sie lange gesund bleiben und nebenbei noch ein bisschen was verdienen können.

Karriere im Alter als Minijobber

Kennt ihr diese Spargelbüdchen, die die Straßen von April bis Juni zieren? Kleine Holzhütten, in denen das Stangengemüse, Weißwein, Schinken, Kartoffeln und Erdbeeren angeboten werden. Die Betreiber, reiche Bauern, suchen immer Verkaufspersonal. Ich habe da schon gefragt, ob sie im Jahr 2030 jemanden brauchen. Meine Aussichten seien nicht schlecht, wurde mir versichert. Es sei denn, ihr, liebe Leser, macht tüchtig Werbung für dieses kleine Buch, und durch den Verkauf kommt ordentlich was rein. Dann sage ich denen von der Spargelbude wieder ab!

Das Rentensystem muss kollabieren, es sei denn, wir schaffen es ganz schnell, gute ausländische Arbeitskräfte nach Deutschland zu locken, die die Lücken füllen und Sozialbeiträge entrichten. So richtig Hektik verspürt man bei den Verantwortlichen in Berlin diesbezüglich allerdings nicht gerade. Aber mein Gott, es sind ja auch noch ein paar Jahre Zeit. Wird schon werden!

Immer mehr alte Menschen wandern ins Ausland ab und lassen sich ihre Rente nach Bulgarien, Thailand oder Südspanien überweisen, weil es sich dort viel günstiger lebt. Auf jeden Fall ist es viel wärmer und da unten im Süden muss man wenigstens nicht heizen. Die Energiekrise sorgt ja in Deutschland für die nächste Kostenexplosion. Hoffentlich versteht ihr euch gut mit euren Nachbarn! Es werden noch Zeiten kommen, in denen immer nur einer in der Straße heizt und die restlichen Bewohner sich in dessen Wohnzimmer tummeln, um sich aufzuwärmen.

In den Großstädten boomen sogenannte Wärmestuben. Öffentliche Räumlichkeiten, vom Sozialträger oder einer wohltätigen Organisation finanziert. Hier kriegen arme Rentner einen Platz im Warmen, einen Tee oder eine Suppe und ein paar freundliche Worte. Sehr verlockend klingt das alles nicht.

Dann vielleicht doch lieber Ausland? Besonders Bulgarien lockt mit billigem Wohnraum, bezahlbarem Pflege-Service für Senioren und viel Landschaft. Eine 37-Grad-Reportage des ZDF hatte das vor ein paar Jahren zum Thema. Die Fernsehzuschauer wurden unter anderem Zeuge, wie zwei nette alte Leutchen aus dem Schwäbischen, ihre schöne Wohnung in einer typischen deutschen Kleinstadt aufgegeben haben, um in Bulgarien ihr Glück zu machen. Das Wohnheim, das sie mit ihrem Ersparten mitfinanziert haben war zwar noch längst nicht fertig, aber sie waren schon vor Ort. Angesichts der Baustelle, die das Kamerateam besuchte, konnte einem Angst und Bange um die Oldies werden. Da, wo schon längst Gebäude stehen sollten, steckten noch die Hölzer vom Vermesser im Boden und es bedurfte einer gigantischen Phantasie, sich hier ein feudales Seniorenheim vorzustellen. Die alten Herrschaften wollten aber ihren Traum vom günstigen Leben in Bulgarien nicht aufgeben und zogen vorerst dort in eine Etagenwohnung. Hier wollten sie warten, bis die Seniorenresidenz fertig war. Ich bin ganz froh, dass ich nicht weiß, was aus den beiden geworden ist.

Auch Thailand lockt viele Rentner mit günstigem Wohnraum, bezahlbaren Lebensmitteln und ewiger Sonne. Gar nicht so schlecht. Bevor ich das aber mache, werde ich erst die Bestattungsmöglichkeiten dort recherchieren. Wenn man schon seine letzten Jahre knapp 9000 Kilometer von zu Hause entfernt verbringen muss, weil das Leben in der Heimat nicht zu bezahlen ist, dann sollte es wenigstens einen schönen Friedhof geben oder einen Friedwald unter Palmen. Wenn die Brut dann zum Urlaub nach Kohsamui jettet, kann sie wenigstens vorbeikommen und ein paar Plastikblumen niederlegen.

Sabai sabai. Das heißt ungefähr *Ruhe in Frieden* auf thailändisch. Könnt ihr euch schon mal merken.

Werfen wir also noch einen Blick auf unsere Finanzen. Vielleicht schlummert ja wirklich ein hübscher Betrag auf eurem Konto, den ihr für die Zeit im Altenheim aufspart. So richtig anmachen tut einen das ja nicht. Warum hat der Mensch eigentlich kein Verfallsdatum? Wenn man wüsste, wie lange es geht, könnte man sich die Kohle passgenau einteilen, zum Finale richtig was verbraten, nach Herzenslust shoppen und reisen. Gut. Eure Angehörigen werden das anders sehen, aber es ist ja euer sauer verdientes Geld. Leider weiß kein Mensch, wie lange die Ersparnisse reichen müssen! Besser, man hat auch mit 90 noch was auf der hohen Kante.

10. Die Generation Golf

„Der kürzeste Golfwitz? Ich kann´s!"

Unbekannter Golfspieler

Lustig, wo und wie man so manchem Weggefährten aus Kindheit und Jugend auf dem Weg in den Ruhestand wiederbegegnet. Der Michael zum Beispiel. Der konnte früher in der Schule keinen Ball fangen, jetzt posiert er mit ´ner Big Bertha auf den sonnenbeschienenen Golfplätzen der Welt. Palmen, sonnenverbrannte Golfkumpels an der Seite. Nebendran ein Schlägertrolley aus federleichtem Titan, in der Raumforschung entwickelt, der sich fernsteuern lässt und dem Sportler wie von Geisterhand angetrieben folgt. Zum Preis einer Monatsmiete einer Dreizimmer-Wohnung, versteht sich.

Über die Generation Golf hat Florian Illies schon ein wunderbares Buch geschrieben. Damals war allerdings das Erfolgsmodell vom Autobauer Volkswagen gemeint. Hier geht es um den Trendsport für Best Ager.

Bevor ihr euch diesem Sport widmen könnt, kommt ihr um ausgiebige Material-Regelkunde nicht herum.

Die Big Bertha, zum Beispiel, ist ein Golfschläger mit großem, wuchtigem Kopf mit dem man den knapp 50 Gramm schweren, mit 3 bis 400 kleinen Dellen, Dimples, versehenen Ball mindestens 300 Meter weit schlagen kann. Das ist vor allem den Männern wichtig, dass der Ball beim Abschlag weit fliegt. Richtung wird unterschätzt. Das sorgt dafür, dass die Golf-Eleven mit einem eher höheren zweistelligen Handicap versehen, dann in den Wicken rumlaufen und ihren Ball suchen. Das Handicap beziffert die Zahl der Schläge eines Spielers, die über dem Platzstandard liegen. Bei den in die Jahren gekommenen, spätberufenen Sportlern, wird die Ambition, auf die alten Tage noch Profigolfer zu wer-

den, meist von einer leichten Sehschwäche beglei-
tet. So kann Mann den entschwindenden Golfball
nur schwer verfolgen. Der ganze Flight, so heißt die
Gruppe von maximal vier Spielern, die sich gemeinsam auf den Weg über die 18 Golfbahnen macht, ist
dann damit befasst, den blöden Ball wieder zu finden.

Golfspieler findet man mittlerweile in fast allen
gesellschaftlichen Schichten. Die Zeiten in denen
nur Bankdirektoren, Schauspieler, Ärzte und Finanz-
haie Golf spielten sind schon lange vorbei. Findige
Bauern verkaufen ihre Äcker gewinnbringend an
Golfplatz-GmbHs und da wo früher Weizen und
Gerste sprossen, zieren langgezogene Grüns das
Landschaftsbild. Vereins-Beiträge und Greenfees
(Spielgebühr für eine Runde) sind für jedermann erschwinglich und selbst im fortgeschrittenem Alter
kann man es noch zu gewisser Fertigkeit bringen.
Die Zählweise beim Golf sorgt zudem dafür, dass
auch der Anfänger ein Turnier gewinnen kann, weil
er sich für seine Verhältnisse am meisten verbessert

hat. Ein sympathischer Gedanke. Verglichen mit einem Wettrennen: obwohl du mit heraushängender Zunge als letzter ins Ziel stolperst kriegst du einen Pokal, denn obwohl langsam wie eine Schnecke, warst du schon schneller als beim letzten Mal. Bravo!

Frischgebackene, spätberufene Golf-Eleven erkennt man vor allem daran, dass sie nur noch über Golf reden. Für Außenstehende ist das schwer zu ertragen und noch schwerer zu verstehen. Am besten geht ihr einmal mit auf die Driving-Range (ja, es ist eine Range, keine Ranch) und probiert selber ein paar Schläge. Ihr werdet ganz sicher einige Bälle *toppen,* zu weit oben, oder *fett*, zu weit unten, treffen. Gerne wird ein Spruch aus einem Golf-Film mit Kevin Costner zitiert: *Dann lassen wir die dicke Bertha mal fressen*. Will heißen, ihr drescht mit dem oben beschriebenen Großkopfschläger auf den Ball. Wenn ihr nicht korrekt trefft, wovon beim Anfänger auszugehen ist, spürt ihr das noch Tage später im Ellenbogengelenk. Anschließend übt ihr euch im

Pitchen und Putten. Das sogenannte Kurzpass-Spiel. Putten kennt ihr noch vom Minigolf. Mit einer eher schiebenden Bewegung schubst ihr den Ball ins Loch. Beim Pitchen steht der Golfer ein wenig so, als drückte die Blase. Mit kurzem Schwung und Spezialschläger schlägt er gefühlt unter dem Ball durch, der daraufhin in recht steiler Flugkurve sanft aufs Grün ploppt. Grün, so nennt man den ganz kurzen Rasen rund um das Loch.

Bucht doch einen Schnupperkurs, da wird euch alles erklärt.

Seid ihr schließlich auf dem Platz, schlagen Männer häufig eine Lady (sie kommen nicht über den Damenabschlag hinaus), landen im Rough (dem ungemähten Bereich am Rande der Spielbahn) und müssen Divots (ausgeschlagene Rasenstücke) zurück an ihren Platz bringen. Bälle die auf dem Puttinggrün einschlagen hinterlassen häufig eine kleine Vertiefung. Die bügelt ihr mit einer eigens dafür entwickelten kleinen Gabel wieder aus. Ihr werdet schnell lernen, dass man die Marke Titleist *Tei-tellist* ausspricht und die Golfmarke *Ping* so heißt, weil es das Geräusch ist, das ein Schläger produziert, wenn ihr den Ball mit einem Driver (noch ein Fachbegriff für einen Großkopfschläger) perfekt trefft. Wenn ihr bis hierhin gelesen habt, dann wollt ihr es doch auch: Golf spielen!

Hattet ihr bis jetzt männliche Golfspieler vor Augen?

Richtig.

Eiserne Ladys

Frauen fangen aus ganz anderen Gründen an Golf zu spielen. Sie wollen in aller Regel nicht besonders weit schlagen, sondern überhaupt den Ball treffen. Gefühlt ein Drittel kommt mit dem Ehemann mit. Nachdem er schon drei Jahre gespielt hat und ein einstelliges Handicap anpeilt, nimmt sie auch Golfstunden und quält sich alsbald über die 18-Loch-Anlage. Viel wichtiger als das verbesserte Handicap ist diesen Damen allerdings die Gesellschaft der Geschlechtsgenossinnen und die Golf-Mode. Das klingt ein bisschen sexistisch, ist aber so. Die Farben der Golfklamotte sind meist gewagt. Quietschbunte Karo-Hosen, Poloshirts in Schillerfarben - auf dem Golfcourt kann Frau mächtig Gas geben. Hier kann es gar nicht schrill genug sein. Früher war das beim Skifahren so, wenn die blutigen Anfänger im teuersten Designer-Outfit den Hang hinunterrutschten.

Auch einem kindischen Trieb dürfen Erwachsene hier nachgehen. Wenn ihr nur zu Besuch in einem Golfclub seid, werdet ihr euch fragen, was die Kuscheltiere auf der Golftasche zu suchen haben. Das sind Golfschlägerkopfhüllen. Was Shaun das Schaf, Kermit von den Muppets oder ein Koalabär da zu suchen haben, wissen wohl nur die Golfgötter.

Ein weiteres Drittel der Frauen fängt an Golf zu spielen, weil alle anderen Sportarten altersbedingt ausscheiden. Tennis geht wegen des Knies nicht mehr, Joggen ist nach der Halux-OP zu schmerzhaft und Reiten hat der Arzt nach einem Sturz verboten.

Mit großem Ehrgeiz trifft man diese Mittfünfzigerinnen schon am frühen Morgen beim Golftraining. Ein Pro (so nennt man den Trainer) korrigiert akribisch die Technik und im seltenen besten Fall wird die Elevin zum Turniercrack. Ihre Outfits signalisieren dann Understatement - dezent, aber teuer. Sie trägt ihre Tasche über den Platz und zieht sie nicht im Wagen hinter sich her. Sie schleppt das Golfbag, so wie es die jungen, sportlichen Puristen tun und spielt vorwiegend im Flight mit Männern.

Ein weiteres Drittel der Damen spielt Golf und hört wieder auf. Fünf Jahre auf dem Grün, in denen Frau immer nur in den Rasen drischt und über die Platzreife (Handicap 54) nicht hinauskommt, sind demütigend. Beim Zumba im Bürgerhaus finden sich diese Frauen eher wieder. Das frisst auch nicht so viel Zeit wie eine Runde über den Golfplatz. Für 18 Loch braucht man mindestens vier Stunden. So lange muss man in Deutschland auch zu Fuß gehen können. Elektrokarren, wie in den USA, sind bei uns verpönt und höchstens was für sehr betagte Senioren oder frisch Operierte.

Einen großen Vorteil hat das Golfen auf jeden Fall. Ein Bekannter von mir befand nämlich zurecht: „Golf ist die einzige Sportart, bei der ich währenddessen rauchen kann." Ein paar Monate nach dieser Feststellung fand man allerdings veränderte Zellen in seinem Mund, im rechten Wangenbereich, *Backekrebs* wie der Comedian treffend befand, und mit dem Rauchen war es daraufhin vorbei. Immerhin hat er unbeschadet überlebt und sein Golfhandicap tendiert mittlerweile nahe dem einstelligen Bereich. Er schnauft auch nicht mehr so beim Marsch über den Golfplatz. Denn das muss man den meisten Golfspielern lassen: es geht zügig über die 18 Loch- Anlage. Da gehen Puls und Blutdruck in die Höhe. Bevor ihr einem Club beitretet, stellt bitte sicher, dass er über einen Defibrillator verfügt. Das ist absolut üblich und für Männer ab einem gewissen Alter auch absolut sinnvoll.

11. Die Vorsorger

„Alle wollen alt werden, niemand will es sein."

Jonathan Swift, irischer Schriftsteller

Bestimmt bekommt ihr auch öfter Dialogpost von eurer Versicherung, in der man euch eine Sterbeversicherung ans Herz legt! Spontan denke ich bei solchen Schreiben, es gibt es doch schon Lebensversicherungen. Die greifen ja auch erst, wenn man tot ist und klingen viel sympathischer. Warum also eine Sterbeversicherung?

Die rührigen Versicherungsmenschen sind einfach nur besorgt darum, dass ihr die Segel überraschend streicht und eure Angehörigen dann Trouble mit der Beerdigung haben. Sterben und beerdigt werden muss man sich leisten können.

Wie alle Versicherungen ist auch die Sterbeversicherung eine Art Wette. Wenn ihr die heute abschließt und morgen versterbt habt ihr gewonnen.

Ihr könnt euch noch im Grabe ins Fäustchen lachen, wie ihr die von der Versicherung drangekriegt habt. Einmal dreißig Euro bezahlt und eine ganze Beerdigung damit finanziert. Einen wunderbaren Tropenholzsarg, eine würdige Trauerfeier, Grabschmuck. Eure Angehörigen werden es euch danken. Aber Spaß beiseite. Lasst uns über die wirklich wichtigen Dinge reden, die es spätestens im letzten Lebensdrittel zu regeln gilt.

Zum Beispiel: Wer kümmert sich um mich und meine Angelegenheiten, wenn ich hilflos daliege, weil meine Demenz galoppiert oder ich auf den Kopf gefallen bin und mein Leben von Schläuchen und Maschinen abhängt?

Mit diesem Gedanken setzt sich niemand gerne auseinander. Mein Rat: Engagiert rechtzeitig einen Anwalt, der eine entsprechende Vollmacht aufsetzt und euch alle Eventualitäten erklärt. Wartet nicht, bis die Bank auf euch zukommt und euch dringend rät, eure Angelegenheiten zu regeln. Den Mitarbeitern bleibt ja in der Zukunft nicht verborgen, dass ihr die 80 weit überschritten habt und ein kleines Vermögen auf euren Konten schlummert. Solltet ihr urplötzlich abtreten, kommt anfangs niemand von euren Angehörigen an die Kohle. Das kann Monate dauern und die opulente Trauerfeier, die ihr für euch selbst geplant habt, könnte recht bescheiden ausfallen, weil eure Kinder keine Lust haben, mit einem höheren vierstelligen Betrag in Vorlage zu gehen. Also. Klärt das. Eine Vorsorgevollmacht beinhaltet in aller Regel auch eine Patientenverfügung. Die ist wichtig!

Vielleicht habt ihr jahrelang mit euren eigenen Eltern gerungen, um eine solche Vollmacht. Könnt ihr euch erinnern, wie uneinsichtig Mama und Papa waren? Das Verfassen des entsprechenden Dokuments wurde immer in die Zukunft verschoben. „Ja, das müssen wir dann irgendwann mal machen.", hört man da oft. Auch das Argument, dass im Zweifelsfall, wenn es um Leben und Tod geht, jemand vom Amt bestellt wird und die Angehörigen nicht den Hauch einer Chance haben, die Dinge selber zu regeln, zieht nicht.

„Die sollen kommen, denen werde ich was erzählen", wettern dann die Oldies. Gar nichts wird man denen erzählen. Der Arm der Behörden reicht bis ans Krankenbett auf der Intensivstation und Ehepartner und Kinder werden zu Statisten.

Macht ihr es besser!

Mitten im Leben stehend kann man relativ locker die Fragen der beratenden Juristen beantworten: Wer darf über euer Konto verfügen? Können eure Kinder euer Haus verkaufen, während ihr im Seniorenheim von einer Pflegerin gefüttert werdet? Im Falle eines frühzeitigen Ablebens geht es auch darum, ob ihr Organe spenden wollt. Und wenn ja, welche!

Was bezeichnet ihr persönlich, während ihr noch klaren Verstandes seid, noch als lebenswert und in welchem Fall sollten etwaige Geräte im Krankenhaus abgestellt werden? Besonders bei dieser Frage solltet ihr noch möglichst weit weg sein vom Ernstfall. Ihr werdet euch dabei ertappen, wie ihr lustige Sprüche macht, um das bevorstehende Elend auszublenden. Gut auch, wenn euer Anwalt eine Portion schwarzen Humor mitbringt. Das macht das Gespräch leichter.

Was soll aus euch werden, wenn ihr wirklich die Augen zumacht? Über Trauerfeiern und Grabstätten hatten wir ja schon gesprochen. Jetzt ist der richtige Zeitpunkt, es zu Papier zu bringen. Euer juristischer Beistand wird das in gerichtlich nicht anfechtbare Formulierungen verpacken und die drei oder vier Seiten klammern. Ihr unterschreibt das Zeugnis eurer Vernunft und Voraussicht und lasst es am besten beim Ortsgericht beglaubigen, das ist am billigsten. Ein Besuch auf dem Ortsgericht ist ohnehin eine lustige Angelegenheit. Die Herrschaften hier arbeiten meist ehrenamtlich und haben ihren Schreibtisch häufig im entlegensten oder dunkelsten Eck des Rathauses. Da muss man einmal gewesen sein. Das Ortsgericht nimmt € 7,50 für die Beglaubigung, ist also wirklich erschwinglich. Einen Notar braucht es nur, wenn eure Besitztümer größer sind und die Schar eurer Kinder, Stiefkinder, Patchwork-Angehörigen und Enkel etwas unübersichtlich ist. Lasst euch am besten von einem pensionierten Anwalt beraten. Der will an euch nicht mehr so viel verdienen. Wenn ihr all diese bürokratischen Schritte hinter euch gebracht habt, verbannt ihr das Dokument in der Schublade mit den wichtigen Dokumenten. Seid gewiss - wenn es euch irgendwann ernsthaft erwischt und ihr im Krankenhaus zwischen Tod und Leben pendelt, ist es das, was die Götter und Göttinnen in Weiß als erstes sehen wollen: eure Patientenverfügung.

Für ein paar hundert Euro habt ihr jetzt fast alles für euer Siechtum geregelt und könnt getrost die Weltumseglung antreten, einen Kite-Kurs buchen oder den K2 besteigen.

Reden wir noch über das das Testament. Auch ein wichtiger Bestandteil eurer Vorsorge für die unguten Jahre und das Ableben.

Mein Anwalt hat das eigentlich ganz gut formuliert: „Mach eine Wunschliste. Schreib rein, was und wie du es haben willst. Wer soll dein Geld am Ende bekommen und wer auf keinen Fall? Denk dran: Wenn du vor deinem Mann die Augen zumachst und er kurz danach, könnten dessen Angehörige dein Geld erben und umgekehrt." Darauf musst du erstmal kommen. Das war der Moment, in dem mir spätestens klargeworden ist, dass ich da dringend eine Reihenfolge festlegen muss. Wenn ihr nix auf der hohen Kante habt, könnt ihr dieses Kapitel getrost überspringen. Aber wer weiß, vielleicht erbt ihr ja selbst von einer entfernten Tante in Amerika oder ihr gewinnt noch bei *Wer wird Millionär*. Zeit, euch dort zu bewerben, habt ihr im Ruhestand massig. Schwups gibt es Vermögen, über das man sich Gedanken machen sollte.

Der Besuch beim Anwalt und Notar in Sachen Testament ist nicht ganz billig, aber lohnend. Und danach ist es ein bisschen so wie bei der Steuererklärung Es fühlt sich unheimlich gut an, wenn man es hinter sich hat. Und noch wichtiger, es entlastet euch und eure Angehörigen. Die wichtigsten Papiere liegen jetzt in eurem Schrank. Zeit, sich darüber Gedanken zu machen, wo ihr eure letzten Tage verbringen wollt, wenn ihr nicht mehr allein und selbstständig leben könnt. Das ist zum Beispiel dann der Fall, wenn ihr euch abends ein leckeres Omelette backt und anschließend den Herd anlasst.

Am Anfang stellt ihr das noch selbst zu Tode erschrocken fest und redet euch ein, das wäre euch mit 25 auch schon passiert. Häufen sich diese Fälle, wird es Zeit über Betreuung nachzudenken. Gedanken, die ihr zeitnah eurem Testament hinzufügen solltet.

Da gibt es verschiedene Lösungsansätze, die ihr selbst ausprobieren könnt, wenn eure eigenen Eltern noch leben und ein Fall für Pflege und Betreuung werden.

Die freundliche Haushälterin aus Osteuropa

Wie komme ich an die ran, fragen sich viele Angehörige der älteren Herrschaften. Hört euch in eurer Altersgruppe um. Mit diesen Sorgen und Problemen seid ihr nämlich nicht allein. Man wird euch im Freundeskreis zahllose Agenturen vorschlagen, die fröhliche Namen tragen, die fast alle mit dem Wort Pflege beginnen. *Pflegeengel, Pflegelotsen, Pflegefreunde usw.* Meist werdet ihr dann an der Telefon-Hotline von sehr netten und äußerst motivierten Senioren beraten, die sich durch diese Telefonvermittlung etwas dazu verdienen. (Das dürft ihr gerne im Hinterkopf abspeichern, als Verdienstmöglichkeit für den Fall, dass ihr selbst im Alter noch ein paar Kröten braucht). Ihr werdet gefragt, wie der oder die zu Betreuende denn so drauf ist, welche Art von Pflege gebraucht wird. Dann werden euch Profile der potenziellen Pflegekräfte aus Osteuropa geschickt und ihr könnt zwischen den vielen verschiedenen Damen aller Altersstufen wählen. Seltener, aber ebenfalls möglich sind männliche Pfleger. Für ältere Herren häufig eine gute Lösung.

In aller Regel ist von sehr guten Deutschkenntnissen der Bewerber die Rede. Mein dringlicher Rat: Prüft das in einem persönlichen Telefonat mit der oder dem Betreffenden, sonst könnte die Konversation mit der Person, der ihr eure Liebsten anvertraut, sehr rudimentär verlaufen. Hier soll nicht despektierlich über polnische oder rumänische Pflegekräfte gelästert werden, die häufig einen sehr guten Job abliefern, aber man macht so seine Erfahrungen. Am Ende sind das auch nur meist ungelernte Leute, die auf würdevolle Weise noch ein bisschen Geld verdienen wollen. Wie überall gibt es gute und weniger gute Vertreter.

Den Kennenlernprozess mit den neuen guten Geistern im Haus / Wohnung eurer Eltern werdet ihr übrigens mehrfach durchmachen. Meistens bleiben die Pfleger ein paar Wochen am Stück und werden dann von einem Kollegen, einer Kollegin abgelöst. Wie oft hört man, dass Daria ganz toll ist, mit Anna läuft es nicht so gut. Findet es heraus!

Pflegekräfte die 24 Stunden im Haus verbleiben sind vor allem das perfekte Pflegemodell, wenn der oder die Bewohner noch viel selbst machen können. Diese ausländischen Helfer übernehmen die Arbeiten im Haushalt, gehen im Bad zur Hand und können mit den alten Herrschaften auch schöne Ausflüge machen. Sind die Senioren schon auf viel Hilfe angewiesen wird es schwieriger. Den Moment etwas zu ändern werdet ihr erkennen, wenn es soweit ist.

Die Unterbringung in einem Seniorenheim

Der Schritt ist schmerzlich, aber häufig unausweichlich. Wie überall gibt es gute und weniger gute Heime!

Ob ihr euch einen frühen Umzug in ein betreutes Wohnen oder ein Pflegeheim leisten könnt, sagt euch der Blick auf euer Konto oder das eurer Eltern. Wenn man körperlich noch ganz fit ist, kann so eine Ein - oder Zweizimmerwohnung in einer Seniorenresidenz ganz nett sein. Meist gibt es ein Kaffee oder Restaurant. Man trifft sich mit Gleichaltrigen, Putzen und Kochen erledigen die anderen für einen und der Fernseher wird zum wichtigsten Freund. Aber das war er ja zu Hause vielleicht auch schon. Hier besteht keine Gefahr, dass man den Herd anlässt, denn in den neuen vier Wänden gibt es keinen.

Das Unangenehme in einem solchen Heim ist, dass man die Zukunft täglich vor Augen hat. Die verschiedenen Stufen der Hilflosigkeit kriegt man quasi auf dem Silbertablett vorgeführt. Die noch fitten Senioren bewohnen meist einen Teil, einen Flügel oder ein spezielles Gebäude für die alten Leutchen, die halt noch fit sind. Dann gibt es Bereiche für die schwer Hilfebedürftigen und dementen Bewohner.

Ein Besuch dort ist nichts für schwache Nerven. Wenn die eigenen Eltern dort leben kommt man aber nicht drum herum. Demütig werdet ihr erkennen, dass Altenpfleger einen der wichtigsten Jobs unserer Gesellschaft machen. Die meisten Pfleger und Pflegerinnen, die ich kennenlernen durfte, als mein Vater dort seine letzten Monate verbrachte, gingen respektvoll mit den Bewohnern um. Den eigenen Geschmack in Sachen Umgang und Betreuung muss man aber außen vorlassen. Man selbst würde es immer anders regeln wollen.

Im Pflegeheim habe ich auch wieder neue Vokabeln gelernt: es gibt dort zum Beispiel keine Lätzchen - die Dinger heißen Textilschoner. Klingt ja auch viel besser oder?

Windeln heißen aber Windeln. Da fände ich einen eigenen Begriff für Senioren nicht so schlecht.

Häufig hört man den Vergleich, die alten Menschen würden wieder zu Kindern. Dem möchte ich vehement widersprechen. Die Alten hier haben ein komplettes, erfülltes Leben hinter sich. Sie haben eine Familie versorgt, ein Unternehmen geleitet, Kinder unterrichtet oder ein schwieriges Handwerk ausgeübt. Meine Schwester und ich haben dafür gesorgt, dass unser Vater bis zum Schluss gesiezt wurde und man ihn bei jeder Anwendung höflich nach seiner Meinung dazu gefragt hat. Nur weil die Alten hilflos sind, sollte man sie nach wie vor respektieren. Vielleicht kommt ihr beim Besuch einer derartigen Einrichtung zu dem Schluss, dass das nichts für euch und eure Lieben ist. Ich fürchte, am Ende können wir alle uns das nicht aussuchen!

Viel besorgniserregender als unsere eigene Sorge und Skepsis ist der Pflegenotstand, auf den wir zusteuern. Wir sind ja schon mittendrin. Es häufen sich Hilferufe von Pflegern aus Senioren-Residenzen, die die Arbeit nicht mehr schaffen. Fast alle Heime sind unterbesetzt. Das führt dazu, dass gewisse Patienten ihr Bett gar nicht mehr verlassen können, weil es zu aufwendig ist. Die reine Pflege steht dann im Vordergrund, die Betreuung kommt dann häufig zu kurz. Gesellt sich eine Grippewelle unter den Pflegekräften dazu, kollabiert das System. Wir brauchen also dringend Anreize für junge Leute, Pflegeberufe zu ergreifen und Fachkräfte aus dem Ausland anzuwerben. Auch in dieser Hinsicht bleiben sie in Berlin relativ gelassen. Echte Bestrebungen sind nicht erkennbar. Arbeitnehmer in der Pflege sind unterbezahlt, leiden unter Schichtdienst und seelischer Belastung. Bis wir Babyboomer so weit sind, dass man sich um uns kümmern muss, könnte die Lage schon fatal sein. Lieber nicht dran denken!

Da lösen wir doch lieber noch ein paar Sudoku-Rätsel, um unseren Geist frisch zu halten und möglichst lange auf eigenen Beinen zu stehen. Wer geistig lange fit bleibt, könnte ein Fall für Lösung Numero drei sein!

Das Senioren-Wohnprojekt

Dänemark macht es vor. In Aarhus gibt es das Konzept der *liebenden Kommune*. Ganz bewusst setzen sich Sozialarbeiter dafür ein, dass vor allem alte Menschen Ansprechpartner finden und nicht vereinsamen. In einem *Haus der Generationen* wohnen junge und alte Menschen unter einem Dach und sind füreinander da.

Die Bundesregierung hat in Deutschland ein Programm aufgelegt, in dem seit 2021 Mehrgenerationenhäuser in Deutschland gefördert werden. Hier handelt es sich meist um Treffpunkte und Versorgung von jungen Familien. Spezielle Programme für

Senioren, beziehungsweise die Teilhabe von alten Menschen, ist dabei noch sehr überschaubar.

In Hessen gibt es seit kurzem ein Wohnprojekt für Senioren in Babenhausen. In die barrierefreien Bungalows kann man sich einkaufen. Ein Seniorenwohnheim ist in der Nähe, Essen auf Rädern und Pflegesettings in verschiedenen Formen können in Anspruch genommen werden. Für Leute mit etwas Kapital ist das wohl die sanfteste Art ins hohe Alter hinüber zu gleiten. Die Nachbarn sind natürlich auch alle alt und glaubt man den Schilderungen der Bewohner, ist das Zusammenleben bereichernd. Da wird abends gerne ein Getränk über den Gartenzaun gereicht oder man hilft sich bei den Einkäufen.

Bereits seit 2010 gibt es in Neulingen bei Pforzheim eine solche Wohnanlage, der *Wohnpark Eden*. Nach eigener Aussage ist das die neue Wohnform für die Generation 60+. Wer bisher im eigenen Haus gelebt hat und es verkauft, sollte bei der Finanzierung dieses Altersmodells keine Probleme haben.

Weitere Projekte dieser Art sind an vielen Orten in Deutschland geplant. Den verantwortlichen Baugenossenschaften kann man nur zurufen: „Gebt Gas, die Babyboomer gehen in Rente. Der Bedarf an Wohnraum für Oldies wird riesig!"

12. Die Checkliste

„Heute beginnt der Rest deines Lebens."

Udo Jürgens, Entertainer

Woran merken wir, dass wir älter werden? Ja. Am Datum. Logisch. Wer im Internet bei den Altersangaben gefühlt fünf Minuten zurückscrollen muss, bis weit ins vorherige Jahrtausend, der ist nicht mehr so ganz frisch – schon klar.

Es geht aber mehr so um das gefühlte Alter. Auf Fotos grinse ich immer ganz breit, dann sieht man vor allem die Labialfalte nicht so. Macht gleich ein bisschen jünger. Nur bitte keine Schnappschüsse. Das geht schon seit etwa zehn Jahren nicht mehr. Hartes Licht ist auch tabu. Das macht so fahl.

Das Gefühl, von außen als älter wahrgenommen zu werden, kommt schleichend.

Wir werden häufiger gesiezt. Da sitze ich im Reitverein mit den jungen Dingern zusammen, die in

Reithosen Größe 34 haben, und die siezen mich. Was ist denn hier los? Wir sind doch Sportkumpels. Wenn ich dann das Du anbiete und anschließend mein Alter verrate herrscht Betroffenheit. Mitleidiges Schweigen: Die Arme – kurz vor scheintot, denken die faltenlosen Girls.

Natürlich haben wir das früher auch gedacht, aber selber in diese Rolle zu kommen, fühlt sich nicht gut an. Es ist nicht alles schön am Älterwerden.

Mir als Radiomoderatorin wurde jetzt schon öfter von Hörern gesagt „Mit Ihnen bin ich aufgewachsen!" Sollte eigentlich ein Kompliment für mich und meinen Sender sein, fühlt sich aber an, als gehörte ich ins Museum.

Ein Kumpel von mir hatte vor einigen Jahren plötzlich die böse 6 vor seinem Alter. Prompt bekam er Post von der Gemeinde und wurde eingeladen, an der nächsten Kaffeefahrt für Senioren teilzunehmen. Man würde ihn sogar mit dem Bus vor der

Haustüre abholen, Rollstuhl oder Gehhilfe seien kein Problem.

Der Kerl ist Manager in einem weltweit bekannten Unternehmen und steht mitten im Berufsleben. Lustigerweise setzte er eine Fotokopie dieses Schreibens auf seine Geburtstagseinladung. Brüller!

Ein klares Indiz für den stetigen Alterungsprozess ist die Gewichtszunahme. Das Perfide daran: man merkt es erst gar nicht. Die Pfunde kleben sich heimlich an Körperstellen an, an der Kleidung nur ganz selten zwickt. Mein Mann hat aber blöderweise neulich eine Waage für´s Bad gekauft und auch dort aufgestellt. Er will abnehmen. Ich hatte das eigentlich nicht vor, aber konnte natürlich nicht widerstehen und habe mich draufgestellt. Das stimmt nicht. Ich habe mich fünfmal draufgestellt, weil ich das, was ich da sah einfach nicht mit meiner Figur zusammengebracht habe. Wo sollen denn diese ganzen Kilos herkommen? Meine Hosen passen noch, meine Kleider, naja. Aber acht Kilo mehr als beim letzten Arztbesuch vor drei Jahren? Ich habe zum Trost ein Stück Schokolade gegessen und gegoogelt ob diese Waagen, also das Fabrikat, realistische, genaue Ergebnisse liefern. Es war hoffnungslos. *Für den Preis super zuverlässig* war da leider zu lesen. Bei den günstigen Badezimmerwaagen war das der Testsieger. Aber wo sind denn diese ganzen Kilos? Eine schonungslose Analyse nackt vor dem Spiegel brachte es an den Tag. Die überflüssigen Pfunde haben sich oberhalb der Hüfte angesiedelt. Der Arsch ist flacher, der Bauch dafür dicker und von einer Taille kann man nicht mehr wirklich sprechen. Wie soll das denn im Sommer werden? Bikinifigur adieu. Es gibt ja auch sehr schöne Badeanzüge mit Bauchkontrolle, so heißen die Modelle für die in die Jahre gekommenen Badenixen. Frustriert stoße ich bei meinen Recherchen auf einen Artikel über die Spanierinnen, die völlig unbeeindruckt mit jeder Figur noch Bikini tragen. Angeblich.

Ich will aber Urlaub in Frankreich und Italien machen. Da haben gefühlt alle Frauen eine bronzefarbene glatte Haut und kein Gramm Fett am Körper. Die essen ja bestimmt auch nur Gemüse, mögt ihr jetzt denken! Nein, tun sie nicht. In jedem Restaurant wird man Zeuge, wie die genüsslich Pasta oder Gänseleberpastete verspeisen und literweise Alkohol in sich rein schütten, während ihres Drei-Gänge-Menus. Die haben einfach bessere Gene. Im nächsten Leben werde ich Italienerin. Oder Spanierin!

Wenn ihr altersmäßig und auch in Sachen Gewicht Selbstbewusstsein tanken wollt, dann fliegt einfach in die USA.

Und dann geht in einen Supermarkt und kauft Alkohol.

Ich wette, ihr müsst auch, hoch in den Fünfzigern euren Ausweis zeigen und beweisen, dass ihr mindesten 21 Jahre alt seid. Das baut auf!

Im mittleren Westen tragen die Amerikanerinnen jenseits der Fünfzig auch gerne noch Badeanzüge mit Röckchen unten rum, damit man die intimen Stellen nicht mal erahnen kann. Überhaupt, die Geschlechtsgenossinnen in den Staaten kommen häufig völlig unscheinbar rüber, nachdem sie der Familie erstmal kräftig Nachwuchs beschert haben. Als wären sie plötzlich unsichtbar. Als Frau nicht mehr auf dem Markt. Kennt ihr noch die Lieblings-Fernsehshow der Kerle? *Tooltime*. Hieß bei uns *Hör mal wer da hämmert*. Jill, die Ehefrau des Hauptdarstellers, ist das perfekte Beispiel. Eigentlich attraktiv, hüllt sie sich in formlose Röcke, nichtssagende Blusen und Jacken wie kurz nach dem Krieg. Die Schuhe, die sie trägt, sind bestimmt total bequem, lassen aber die Wade, die in braunen Strümpfen unterm faden Rock steckt, kräftiger erscheinen. Frauen wie Jill signalisieren: ich möchte nie mehr für einen anderen Mann attraktiv sein, denn ich bin ja schon verheiratet und habe Kinder. Keine Bange. Bei solchen Frauen lädt Mann sich zu Kaffee und Kuchen ein, ist aber von einer Affäre weit entfernt.

163

Die amerikanischen Männer sind nicht viel besser. Geradezu uniform wirkt ihre Kleidung, in der sie sich nach Feierabend und am Wochenende gerne lässig geben. Auch schon in jüngeren Jahren. Beige Chinohosen, buntes Polohemd, meist knallgrün oder rot, braune Bootsschuhe von einer teuren Marke, die deutlich getragen aussehen. Im Sommer werden die langen Chinos durch sandfarbene Bermudas ersetzt. So sehen alle amerikanischen Männer aus. Sie unterscheiden sich bei dieser Uniform nur in der Preislage der Hosen und Polos.

Schaut euch die amerikanischen Modelabels für die reifere Frau an! Bunte Farben sind da Fehlanzeige. Die Wollsachen wirken, als müssten sie dringend mit Perwoll gewaschen werden. Fade hoch zehn.

In Europa erleben wir eher das Gegenteil davon. Bei einigen älteren Herrschaften wünscht man sich, dass sie beim Shoppen mal auf ihr Geburtsdatum schielten. Die Herren rennen in schreiend bunten Polohemden mit plakativen Schriftzügen durch die

Gegend, und sie wollen damit aussehen wie ihr Held aus der Jury einer Castingshow. Der, mit Verlaub, lässt sich von der Kamera nicht mehr spontan einfangen. Bei seinen Studioauftritten wird das Licht so auf ihn abgestimmt, dass man die vielen Falten einfach nicht sieht. Achtet mal drauf, wie alles um das Gesicht herum verschwimmt, weil der Weichzeichner Vollgas gibt. Das schmeichelt dem Fernsehstar und die Klamotten wirken auch nicht so fehl am Platze.

Zurück zum USA-Besuch. Auch in Sachen Gewicht fühlt man sich hier permanent geschmeichelt. So viele Fettleibige wie in den USA, sieht man in Europa selten. Die Ladies jenseits eines BMIs von 35 schwingen sich dann auch noch in hautenge Leggins und essen genüsslich einen Double-Cheeseburger. Puuhhh.

Leider passen wir uns in vielen Dingen den USA mit der Zeit an. Ich kann mich an einen Besuch in den 80iger-Jahren erinnern, das erste Mal bei meiner Gastfamilie, da waren adipöse Menschen bei uns in Deutschland eine absolute Seltenheit. Im amerikanischen Alltag begegneten mir schwer übergewichtige Menschen an jeder Ecke. Als sich meine Freundin Sue im Folgejahr mit einem Besuch bei mir revanchierte, war mit das erste was ihr auffiel die vielen schlanken Menschen. Das ist ja jetzt auch leider anders. Aber damals in den 80igern konnte man schon sehen woran das liegt und was da auf uns zukommt. In den USA ist alles riesig. Im Kino trinken die Menschen einen Liter Cola! Der enthält die Zuckerration für einen Monat. Der Trend ist mittlerweile auch bei uns zu beobachten. Die Eisbällchen beim Italiener sind jetzt nicht nur exorbitant teuer, sondern auch deutlich größer als früher. Sandwiches im Fastfoodladen sind einen halben Meter lang und dreifach belegt. Pizza kommt vorzugsweise mit doppelt Käse und Popcorn im Kino wird in gigantischen Eimern dargereicht. Kein Wunder, dass wir in Deutschland auch immer dicker werden.

Ich hatte nach drei Wochen USA schon drei Kilo mehr auf den Rippen. Mein Vater begrüßte mich beim Abholen auf dem Frankfurter Flughafen mit den Worten: „Na, du siehst aber gesund aus!"

Das konnte ich mit siebzehn noch als Babyspeck abtun. Im Alter werden die überschüssigen Pfunde hartnäckiger und sind schwerer wieder loszuwerden. Also, lasst es erst gar nicht so weit kommen.

Die wichtigsten Merkmale an denen wir merken, dass wir älter werden sind vielfach. Deshalb hier noch 15 weitere untrügliche Anzeichen dafür, dass der Lack endgültig ab ist:

1. Elektrische Handtrockner an Raststätten, in die man die Hände von oben reinsteckt, lassen eure Haut wie Bootssegel im Wind flattern

2. Filme, die nach 19 Uhr anfangen, braucht ihr gar nicht zu gucken - das Ende kriegt ihr eh nicht mit

3. Der Genuss einer einzigen Tasse Kaffee am Nachmittag hält euch die ganze Nacht wach

4. Beim Betreten eines Aufzugs hofft ihr, dass er keinen Spiegel hat

5. In eurem Social-Media-Feed häufen sich Ads und Popups für Hörgeräte, Lesebrillen und Treppenlifte

6. Ihr habt Punkt 5 nicht verstanden

7. In der Apotheke begrüßt man euch mit Namen

8. Ihr findet Nordic Walking plötzlich gut

9. Eure Übergangsjacke ist beige

10. Ihr sucht nach einem E-Bike mit Rücktritt

11. Ihr habt Beerdigungsklamotten für jede Jahreszeit

12. Für den morgendlichen Weg vom Bett ins Bad müsst ihr euch dehnen

13. Ihr spart auf einen Whirlpool

14. Zum Geburtstag ladet ihr für den Nachmittag ein

15. Ihr habt im TV noch nie eine Folge von Maxton Hall gesehen

13. Späte Liebe

Versuche zu kriegen, wen du liebst, ansonsten musst

du lieben, wen du kriegst.

Albert Einstein, Physiker

Viele Babyboomer zieht es im hohen Alter noch einmal vor den Traualtar. 7 Prozent der im Jahr 2022 erstmals geschlossenen Ehen wurden zwischen Menschen über 50 Jahren besiegelt. Laut Statistischem Bundesamt in Wiesbaden steigt diese Zahl kontinuierlich. Leider auch die Zahl der Scheidungen in diesem Alter. Deswegen versuchen viele Männer und Frauen auch nach einer Silberhochzeit und einer gescheiterten Ehe noch mal ihr Glück. Prominente Beispiele gibt es zu Hauf. Denken wir nur an Thomas Gottschalk und seine Frau Thea. Sie trennten sich tatsächlich nach 42 Ehejahren, obwohl man von außen immer dachte, die hängen wie Pech und Schwefel zusammen. Jeff Bezos und McKenzie Scott, Bill Gates und Melinda French, die zu Guttenbergs - alles Powerpaare die sich urplötzlich, so scheint es, nichts mehr zu sagen haben. *Graue Scheidungen* werden diese späten Bankrotterklärungen des ehelichen Miteinanders genannt. Gerade bei den Männern ist dann häufig sehr schnell Ersatz zur Hand. Die Frauen brauchen länger, wollen meist erst die Scheidung und die schwierigen letzten Jahre verarbeiten. Ihr dürft gerne widersprechen, aber meiner Erfahrung nach gehen Trennungen auch meistens von ihr aus. Sie hat gemerkt, dass er fremdgeht, oder sie kann die eisige Stille zwischen sich und ihrem Mann nicht mehr ertragen. Manchmal sind sich beide einfach über. Ich kenne aber keinen Mann, der seine Partnerschaft beendet mit der Erklärung, er brauche jetzt Zeit für sich. Sie zieht in aller Regel die Reißleine. An seiner Seite taucht dann meist innerhalb von Wochen schon eine neue weibliche Begleitung auf. Die Analyse oder gar Aufarbeitung des ehelichen Schrotthaufens, den beide hinterlassen haben, entfällt. Die Neue ist häufig jünger, hat mehr Lust auf Sex und nervt nicht mit dem Wunsch nach Diskussionen über die Eheprobleme.

Ihr nennt mich einseitig oder ungerecht? Hallo! Ich bin weit über 50, habe einen Buckel an Erfahrungen und kontere mit einem Klassiker: Ausnahmen bestätigen die Regel.

Wir Frauen sind da nämlich einfach anders gestrickt als Männer. In stundenlangen Gesprächen mit der besten Freundin, Mutter oder einem Therapeuten wird haarscharf analysiert, woran es denn nun gelegen hat. Wie kann es sein, dass trotz abbezahltem Haus, wunderschönen Urlauben und den gleichen Interessen nix mehr lief? Dieser Prozess dauert ungefähr drei bis vier Jahre. Erst dann ist Frau bereit für eine neue Liebe.

Wo aber findet man die im fortgeschrittenen Alter? Im Internet natürlich. Vergesst Tinder. Die ältere Generation bevorzugt Parship oder Elite Partner. Habe ich mir sagen lassen.

Jetzt gilt es, einen pfiffigen Text zu entwerfen und ein Foto auszusuchen, mit dem man sich wohlfühlt.

Das kann schon Wochen in Anspruch nehmen. Vielleicht wollen die Damen und Herren auch erstmal fünf Kilo abnehmen und zum Friseur, bevor die Fotos erstellt werden. Mein Tipp: engagiert einen richtigen Fotografen und macht coole Bilder von euch. Das macht Spaß, ist gut fürs Ego und das Ergebnis kann sich in aller Regel sehen lassen.

Eines kann man sagen - die Online-Suche ist nix für Feiglinge. Ich könnte das nicht! Da schreibt man sich mit völlig Unbekannten, telefoniert, vielleicht auch noch per Skype und trifft sich irgendwann. Wenn es nach einem Skype oder Facetime-Telefonat zu einem Treffen kommt, könnt ihr optisch auf jeden Fall überzeugen. Wer bei Video-Calls gut aussieht muss im echten Leben Model sein. Ich empfehle dringend vor einem solchen Life-Gespräch die Tipps in diversen Tutorials zu beachten. Warmes Licht und der richtige Winkel können Wunder wirken.

Einem realen Treffen könnt ihr dann sehr gelassen entgegensehen. Besonders spannend wird es allerdings, wenn beide noch nicht wissen, wie der andere aussieht:

Was bitte geht in den Menschen vor, die hier aufeinandertreffen? Läuft das so wie im Film? Beide tragen als Erkennungsmerkmal eine Nelke oder Rose im Knopfloch? Man hört so oft, der erste Eindruck sei entscheidend. Was, wenn der gleich in die Hose geht? Wir stellen beispielsweise fest, er oder sie sieht ganz anders aus als auf dem Foto, das geschickt wurde und wir finden diesen Menschen spontan total unattraktiv! Ich möchte euch ermutigen, sofort das Feld zu räumen. Das kann nix werden. Lieber ein Ende mit Schrecken als ein zähes Treffen ohne Ende. Ihr solltet euch deshalb auch nicht zum Abendessen verabreden. Wenn er oder sie sterbenslangweilig, oder noch schlimmer, total unsympathisch ist, müsst ihr den ganzen Abend bei schlechten Gesprächen aushalten. Viel besser ist es, gemeinsam eine Veranstaltung zu besuchen. Ein Fußballspiel, Kino oder Comedy. Wenn ihr andauernd lacht und der andere nicht, solltet ihr weitere

Treffen noch einmal überdenken. Grölt ihr beide lauthals für den gleichen Fußballverein ist das doch eine vielversprechende Übereinstimmung.

Die Frage, die mich in Sachen späte Liebe aber wirklich umtreibt: geht man dann noch miteinander ins Bett? Ich meine so mit 60 oder älter? Zum Glück bin ich glücklich verheiratet und muss mich mit derartigen Problemen nicht rumschlagen, aber was machen die betroffenen Singles? Gibt es in dem Alter überhaupt noch irgendwelche Hormone im Körper die verrücktspielen können? Nach meiner Information bauen die sich alle ab. Bei den Frauen vor allem. Östrogen und sämtliche Sexualhormone machen sich während der Wechseljahre vom Acker. Wir nehmen zu, entwickeln eine Aversion gegen unbequeme Büstenhalter und kriegen Falten an den Oberschenkeln. Gesundes Altern findet im Kopf statt, liest man dann in einschlägigen Ratgebern. Toller Tipp, wenn Männe gerne wieder 'ne heiße Nummer schieben möchte und Frau ihre aktuelle

Lektüre oder ihre Lieblingsfernsehserie deutlich attratkiver findet als die Wälzerei in den Kissen.

Bei den Männern ist auf jeden Fall noch was an Sexualhormonen vorhanden. Warum sonst würden die ganzen alten Kerle noch nach den jungen Dingern greifen. Hollywood macht es fast täglich vor. Wenn sie *nur* 30 Jahre jünger als er ist, regen wir uns ja schon gar nicht mehr auf.

Bei uns Frauen ist der Fall eindeutig schwieriger. Frauenzeitschriften thematisieren regelmäßig wie es ist, wenn Frauen lange keinen Sex haben. Körperlich sei das nicht zu empfehlen, befinden da häufig die Experten. Man verlerne es buchstäblich und die unterbeschäftigten Körperregionen gingen in eine Art Winterschlaf, aus dem sie nur schwer aufzuwecken seien. Na, toll. Und wenn gerade kein Mann in der Gegend ist, der einem durch die sexuelle Dürre hilft? Bleiben wir positiv und gehen davon aus, dass sich bei der Internetsuche oder auch bei der Single-Wanderung mit dem Alpenverein was Passendes findet. So. Die Unterhaltungen sind super. Es gibt vielleicht auch Blicke, die man als verliebt deuten könnte und ein paar Schmetterlinge machen sich im Bauchraum bemerkbar. Nach der ersten Begegnung wird sehr viel telefoniert. Es gibt ein zweites Treffen, ein drittes. Ihr haltet Händchen und es gibt zarte Küsse auf die Wange. So weit, so vielversprechend. Und dann?

Okay. Bleiben wir weiter optimistisch und beide wollen mehr. An der Stelle möchte ich fragen, wer eigentlich darauf gekommen ist, dass beim Sex immer das Licht angeschaltet sein muss? Das erste Gefummel mit vierzehn fand doch auch im Dunkeln statt. War gar nicht mal schlecht gewesen. Wollen wir wirklich mit 60 wieder beobachtet werden, wie wir splitterfasernackt durch die Bude rennen und unseren Faltenarsch aufs Bett schwingen? Sind die Küsse mit 60 so feucht wie früher, oder fühlt sich das jetzt eher nach Blumenkohl trifft Schokocrossi an? Kann ich jetzt noch zurück, werden sich an der Stelle viele fragen? Schnell nach der Handtasche greifen, allein in die Jacke schlüpfen und eine gute

Ausrede parat haben, wäre jetzt nicht schlecht. *Ich muss den Hund noch füttern!* *Ich habe das Bügeleisen angelassen* oder auch *meine Bluthochdruck-Tabletten lassen in der Wirkung nach!* Alles sind denkbare Gründe, warum man das Date verlässt, bevor es zum Äußersten kommt. Seid ihr zu feige jetzt noch einen Rückzieher zu machen, verbringt ihr den Rest der Nacht vermutlich damit, in euren eigenen verwirrten Gefühlen und den gymnastischen Übungen zwischen den Kissen nach dem Orgasmus zu fahnden. Das ging früher doch auch! Braucht nur ein bisschen Übung, redet ihr euch ein. Mit Humor soll man solche Hürden nehmen, liest man oft in einschlägigen Magazinen. Naja. An der falschen Stelle lachen macht es bestimmt nicht besser.

Partnersuche im Alter ist also wirklich ein heikles Thema.

Frauen haben den Vorteil, dass sie Gefühle vortäuschen können. Beim Mann spricht der Köper meist eine eindeutige Sprache und entsprechend aufgeregt dürften beide beim Beischlafversuch mit neuem Partner kurz vor der Rente sein.

Nicht können können, aber wollen wollen

Vielleicht ist es tröstlich für euch, dass ihr, wie so häufig, mit diesen Problemen nicht allein dasteht. Ich hatte vor Jahren einen Moderationsjob auf einer Gesundheitsmesse. Ein großer Pharmakonzern schrieb mich an, ob ich eine Diskussionsrunde leiten könne. Das Thema sei Sex im Alter. Wenn ich mich damit wohlfühlte und unvoreingenommen mit Experten und Publikum diskutieren könnte, dann sollte ich ihnen meine Preisvorstellungen schicken. Ich war nicht wirklich scharf auf den Job gewesen und fühlte mich bei dem Gedanken alles andere als wohl. Deswegen griff ich damals recht hoch ins Regal der gerade noch akzeptablen Honorarvorstellungen und war mir sicher, die sagen ab. Taten sie nicht. Okay. Pharmakonzern. Die gelten jetzt nicht gerade als arm und zahlten mich, wie es so schön heißt, eher aus der Portokasse. So fand ich mich also ein paar Wochen später auf einer Bühne in einem großen Saal wieder, mit vielen leeren Stühlen im Zuschauerraum. Neben mir als Diskussionsleiterin gab es einen Urologen und eine Psychotherapeutin. Wir sollten über Fluch und Segen einer kleinen blauen Pille reden. Das sind die Momente in meinem Moderatorinnenleben, in denen ich mich frage: „Was zum Teufel machst du hier? Konntest du nix richtiges lernen?" Und dann das Lampenfieber! Dabei geht es nicht um die Aufregung vor hunderten Zuschauern zu sprechen, sondern um die Befürchtung, dass keiner kommt, dass die Stuhlreihen leer bleiben. Angesichts der Größe des Saals und des etwas pikanten Themas hatte ich die schlimmsten Befürchtungen diesbezüglich. Was soll ich sagen? Fünf Minuten, bevor wir loslegen sollten, war jeder Stuhl besetzt. Ich konnte es nicht fassen. *Im Alter wollen aber nicht mehr können*, das war offensichtlich für viele ein großes Thema. Die Leute lauschten gebannt den Schilderungen des Urologen, hingen an den Lippen der Psychotherapeutin und stellten anschließend ungehemmt ihre Fragen. Männer wie Frauen. Die Aktion war ein voller Erfolg. Eines habe ich gelernt: man kann wirklich über alles reden, sogar ich.

Bestimmt gibt es Paare in diesem Alter, die von vornherein verabreden, dass es rein platonisch zugehen soll. Gemeinsame Kinoabende, Theater - und Museumsbesuche, zusammen verreisen, aber bitte mit getrennten Zimmern und keinesfalls mit irgendwelchen Fummeleien.

Klingt irgendwie auch nicht nach dem Traumfinale unseres kleinen kurzen Lebens.

Die späte Liebe ist vielleicht das letzte echte Abenteuer, das wir wagen können. Gebt Vollgas. Wird schon schiefgehen!

14. Wir Kinder wundervoller Eltern

„Der Eltern Tugend ist große Mitgift."
Horaz, römischer Satiriker und Dichter

Wem haben wir den Babyboom und unzählige Best Ager eigentlich zu verdanken? Warum ist die Generation, die jetzt den Ruhestand ansteuert, so irre groß? Überfüllte Klassenzimmer in den 70igern, Schulklassen mit 32 Kindern und mehr? Das liegt natürlich an unseren Eltern! Würdevoll schauen sie uns aus den Fotoalben heraus an. Für die Jüngeren: Fotoalben sind dicke Bücher, in die man früher die entwickelten Fotografien eingeklebt hat. Ein recht mühevolles Unterfangen. Immerhin gab es ja auch noch nicht so inflationär viele Bilder wie heute. Meist in der dunklen Jahreszeit wurden mit Muße Fotos und andere Zeugen toller Partys oder Urlaube, wie zum Beispiel Konzertkarten, getrocknete Pflanzen oder Flugtickets, verewigt.

In der Zeit unserer Geburt bis in die 70iger hinein, wurden die kleinen Fotos mittels Klebeecken in die Alben sortiert. Mit Füllfederhalter kamen schreckliche Kommentare darunter, etwa: *Rudolf und ich vor dem Eiffelturm.* Als würde das nicht sogar ein Blinder sehen! Oder *Da erobere ich Italien.* Das sahen die Italiener sicher anders, aber mit den handschriftlichen Erklärungen war so ein Fotoalbum erst komplett. Jahre später fragte man sich häufig, warum man dieses oder jenes hineingeschrieben hat und schämte sich ein bisschen, vor allem, wenn Rechtschreibfehler dabei waren oder die Bemerkungen gar zu altklug.

Die Fotos unserer Eltern waren aber allesamt toll. Mütter hatten in den 60iger und 70iger Jahren kunstvolle Frisuren. Da wurden die dicken Haare zu hohen Türmen toupiert und dann mit kiloweise Haarspray konserviert. Ich kann beim Anblick meiner Mutter auf diesen Fotos ihr Haarspray riechen: Elnett de Luxe. Eine bronzefarbene Flasche mit weißem Plastikdeckel. Gibt es immer noch. Für ein Foto setzte oder stellte man sich damals richtig in Pose und zog seine besten Sachen an. Duckfaces gab es noch nicht. Die Frauen lächelten eher schüchtern. Väter hatten oft unglaubliche Brillen auf der Nase, und die Haare mit Pomade nach hinten gekämmt.

Ich bin heute noch neidisch auf die schwarz-weiß Fotos meiner Eltern aus dem Ski-Urlaub in Oberjoch im Allgäu. Meine Mutter mit Sonnenbrille beim Sonnenbad vor einer pittoresken windschiefen Hütte. Hinter ihr die nahezu unberührte Skipiste, neben ihr ein paar Holzlatten mit Skibindung - fotogen in Szene gesetzt. Das Gesicht der Sonne entgegengestreckt lässt uns meine Mutter wissen: das hier ist Genuss pur, nie ging es mir besser. Ein Bild wie eine Piz Buin-Reklame. Mein Vater stand in seinen windschnittigen Keilhosen und einem Blouson wie einst Toni Sailer auf seinen Skiern und wird fotografisch festgehalten, wie er elegant eine Piste hinunter fegt. Der Blitz vom Kitz lässt grüßen.

Irgendwann kamen die schwarz-weiß-Fotos von uns dazu. Auf der Wickelkommode, auf Papas Arm, in einem unförmigen Kinderwagen der aus Kriegstagen übrig geblieben scheint. Da ist schon Omma drin rum gerollt, suggerieren diese Fotos. Und wer hat eigentlich diese Mützen verbrochen? Aus reiner Wolle! Alle Kinder mit solchen Mützen heulen auf den Bildern, weil die Dinger so gejuckt haben. Der Zipfel oben drauf, ließ das hübscheste Baby aussehen wie einen Gartenzwerg. Den Strumpfhosen sieht man an, dass sie kratzen und die schicken Mäntelchen durften beim Spaziergang nicht dreckig gemacht werden. Familiensonntage waren kein Vergnügen. Wir waren Lichtjahre von Matschhosen, Funktionsjacken und wirklich wasserdichten Gummistiefeln der heutigen Kleinkindgeneration entfernt. In meine Gummistiefel floss immer das Wasser. In Skischuhen gefroren die Füße zu Eis und die modischen Rollkragenpullover waren aus Polyester. Was für eine Errungenschaft. Wenn man die über den Kopf zog, dann standen die elektrisch aufgeladenen Haare in alle Richtungen ab und es knisterte. Wie habe ich den Moment gefeiert, als ich mit elf

Jahren mein erstes Sweatshirt zum Geburtstag geschenkt bekam! Die ersten Modelle kamen natürlich aus den USA oder wurden den amerikanischen Originalen nachempfunden. Ich war die erste in der 6. Klasse, die sowas hatte und wurde von allen glühend beneidet. Ein dunkelblaues Puma-Sweatshirt, kuschelweich, aus Baumwolle mit einem weißen Puma auf der linken Seite. Ich durfte es auf unseren Schul-Wandertag anziehen und man sieht den Fotos von diesem Tag an, wie glücklich ich darüber war. Ich strahlte über das ganze Gesicht und schwor mir: ich will nie wieder im Leben etwas anderes tragen. Das ziehe ich bis heute durch. Kratzige, unbequeme Kleidung ist mir ein Greuel.

Kommen wir zurück zu den Verursachern des Babybooms in den 60iger Jahren. Unsere Eltern. Sie gehören ganz klar zu einer privilegierten Spezies. Viele von ihnen sind zwar während des zweiten Weltkrieges geboren, ihre Jugend und ihre Zeit als Twens fand aber in den goldenen 50iger Jahren statt - eine Zeit, in der es nur aufwärtsging. Alles wurde besser. Menschen machten Urlaub in Italien und Spanien, oder verbrachten eben sportliche Tage auf Skiern in den Bergen. Die Männer mussten nicht zum Militär. Die Väter von uns Babyboomern dürften allesamt zu den sogenannten weißen Jahrgängen gehören. Eine Bundeswehr gab es nach ihrer Schulzeit noch nicht und der Wehrdienst blieb ihnen erspart. In jungen Jahren wurde geheiratet, und dann kamen wir. Die vielen, vielen Babys in den Jahren zwischen 1959 und 1965. Ich vermute die meisten Paare gründeten eine Familie, weil sie es nicht besser wussten und für andere Pläne hätten sie Phantasie, Mut oder den Hang zu Rebellion gebraucht. Heiraten und Kinder kriegen war das, was alle gemacht haben. Meine Mutter erzählte mir immer, dass viele Leute keine Jungs wollten, aus Angst vor einem weiteren Krieg. Grundsätzlich war der Optimismus aber groß, und junge Eltern reproduzierten, was das Zeug hielt. Verhütung war auch noch kein Thema. Der Pillenknick kam etwas später.

Albtraum Grundschule

In meiner Grundschulklasse waren über dreißig Kinder, die Lehrerinnen kamen aus Ostpreußen.

Am Elend ihrer Flucht ließen sie uns häufig teilhaben, indem sie die Entbehrungen bildhaft schilderten, gepaart natürlich immer mit der Bemerkung, wie gut wir es doch hätten. Bei uns in der Schule herrschte noch Drill. Unsere Lehrerin hatte die riesige Klasse fest im Griff. Es setzte Schläge auf den Hintern, Ziehen an den Ohren oder Hiebe auf den Rücken, wenn wir nicht spurten.

Meine Klassenlehrerin hatte sich etwas besonders wirkungsvolles ausgedacht, um uns im Zaum zu halten. Die 1, 2, 3-Übung. Wenn wir zu laut wurden brauchte sie nur eine dieser Zahlen zu brüllen und schon saßen wir wie kleine Holzpuppen auf unseren Stühlen, die Hände entweder in die Höhe gereckt, auf den Tisch aufgelegt oder hinter dem Stuhl verschränkt. Witzigerweise mochten wir Grundschüler diesen Mist. Wir übertrafen uns sogar beim schnellen Umsetzen der Kommandos.

Nachsitzen war eine übliche Sanktion, wenn man seine Hausaufgaben nicht machte oder die Berichtigung beim Diktat fehlerhaft war. Dann durfte man alleine im Klassenzimmer bleiben und musste die triumphierenden Blicke der Kinder aushalten, die nach Hause gehen durften.

Zwischen Jungs und Mädchen wurden auch große Unterschiede gemacht. Wir Mädchen hatten zwei Stunden Handarbeiten pro Woche. Wir lernten Häkeln und Stricken. Den gehäkelten Teddybär, der anschließend benotet wurde, musste meine Mutter für mich anfertigen, weil ich irgendwie keine Zeit dafür hatte. Ein kleines, schwächliches Bärchen in Orange. Die anderen Mädchen hatten große, dicke hellblaue und braune Bären gefertigt, die logischerweise von der strengen Lehrerin auch wesentlich besser bewertet wurden, als mein Kümmerling. Die Jungs dagegen durften im Werken tolle Sachen bauen. Kleine Mühlräder, die man in den Bach setzen konnte oder ein Häuschen für einen Hamster. Ich bin heute noch wütend über diese Aufteilung, auch wenn ich später ganz gerne Pullover gestrickt habe. Heute lernen alle Kinder alles. Das ist viel besser.

Und doch hatten wir einfach Glück

Warum widme ich eigentlich unseren Eltern ein ganzes Kapitel? Weil ich trotz der traumatischen Grundschulerfahrungen extrem dankbar bin, in den 60igern geboren zu sein. Wir Kinder waren ganz sicher gewollt, wenn auch manchmal nicht geplant. Wir passierten unseren Eltern häufig einfach nebenbei.

Die Ehescheidung gab es nicht. Jedenfalls nicht in meiner Klasse. Kein einziger meiner Mitschüler hatte unter einer Familienauflösung zu leiden. Eine Scheidung war so exotisch und weit weg wie der

Kilimandscharo. Kinder hatte man halt, es war keine große Sache. Begriffe wie Helikopter-Eltern oder gar Rasenmäher-Eltern waren noch nicht erfunden. Die Erinnerung an meine Kindheit und Jugend ist ganz klar: man ließ mich machen. Ging es euch genauso? Natürlich wurde geschaut, wie es in der Schule für mich lief. Wenn ich nachsitzen musste, dann hatte ich doch bestimmt auch was falsch gemacht. Vielleicht auch nicht, aber eine mögliche Ungerechtigkeit war noch lange kein Grund, permanent in die Schule zu latschen und die Lehrer in den Senkel zu stellen. Wir Kinder waren wichtig, aber nicht der Mittelpunkt des Universums. Als Jugendliche verbrachte ich die meiste Freizeit auf dem Tennisplatz. Direkt nach der Schule ging es mit dem Fahrrad zum TC Blau-Weiß und abends, kurz vor dunkel werden kam ich zurück. Ab und zu fragte mich mein Vater „Machst du denn auch genug für die Schule?" „Ja, ja, wir hatten heute nicht so viel auf." Mit dieser Antwort ließ er sich tatsächlich abspeisen. Eine Drei in Englisch wurde mit einem sparsamen Gesicht kommentiert, eine Vier in Mathe war eine lässliche Sünde, weil die gesamte Familie eher sprachlich begabt war. Ich wurschtelte mich bis zum Abitur erfolgreich durch. Nie glorreich, aber auch nie in der Gefahr, eine Klasse zu wiederholen. Schule, Partys, Freunde, Sport. in diesem Viereck meanderte ich fröhlich von der Pubertät zur Matura. Meine Eltern waren mit dem Gottvertrauen gesegnet, dass aus mir schon irgendetwas werden würde. Schließlich wurden Kinder anderer Leute auch erwachsen und ergriffen einen Beruf. Das war damals allerdings gar nicht so einfach. Es gab in den 80iger Jahren viel zu wenige Ausbildungsplätze und die Universitäten waren völlig überlaufen.

Als ich im Jahr nach dem Abitur dann so gar keine Ahnung hatte, was ich beruflich machen wollte, verlor meine Mutter das erste Mal während meines Erwachsenwerdens die Nerven und riet mir: „Dann mach doch eine Banklehre, Kind." Ich überlegte kurzfristig, ob meine Eltern mich vielleicht doch adoptiert hatten! Wie konnte einen die eigene Mutter so falsch einschätzen? Vermutlich war der Vorschlag aber ihrer Panik geschuldet, die sie kurzfristig überfiel, weil ich überhaupt keinen Plan für meine Zukunft hatte.

Ich eine Banklehre! Das passte ungefähr so gut zu mir wie lila zu orange. Schließlich arbeitete ich ein Jahr in der Firma meiner Eltern als Bürokraft. Am Ende waren alle Beteiligten froh, dass ich mich entschied, anschließend doch lieber zu studieren. Buchhaltung, Rechnungen schreiben und insgesamt Verlässlichkeit, Pünktlichkeit und Ordnung gehörten einfach nicht zu meinen Stärken. Menschen mit vielen, aber wenig ausgeprägten Begabungen wie ich, werden besser Journalist und landen folgerichtig beim Radio.

Mit Vollgas in den Ruhestand

Insgesamt können wir Babyboomer aber doch feststellen: keine andere Generation in den letzten 100

Jahren hatte so viele Freiheiten wie wir Kinder der 60iger und 70iger Jahre. Wir kamen nach Hause, als es schon dunkel war, wir fuhren Rollschuh mit Kochgummi um die Füße und kotzten unseren Eltern regelmäßig ins Auto. Kein Mensch hätte gewagt zu behaupten, die rauchenden Erwachsenen auf den Vordersitzen seien daran schuld. Wir fuhren Fahrrad ohne Helm, aßen fingerdick Butter aufs Brot und probierten selbst, ob der Teich im Stadtpark wirklich schon fest zugefroren war. Ertrunken ist trotzdem keiner.

Auch damals hatten wir die Furcht vor Krieg, die RAF verbreitete Angst und Schrecken und durch Deutschland zog sich eine Mauer. Wir haben den atomaren Supergau von Tschernobyl überlebt, Punker - und Popperfrisuren ertragen und unser Liebesleben auch mit der Angst vor Aids genossen. In den Folgejahren haben wir viele Probleme in den Griff gekriegt und neue geschaffen. Die Versäumnisse beim Umweltschutz gehen zum großen Teil auf unseren Deckel. Wir haben aber auch den Ausstieg aus der Atomenergie geschafft und setzen so stark auf erneuerbare Energien wie kaum ein anderes Land.

Ich persönlich neige trotz aller aktuellen Probleme zu Optimismus.

Wir Babyboomer sind tough und jetzt eben ein wenig in die Jahre gekommen. Das bisschen Ruhestand kriegen wir auch noch gewuppt. Das wäre ja gelacht!

Danke

Kein Buch schreibt sich allein. Vielen Dank an alle Best Ager und Babyboomer in meinem Freundes- und Kollegenkreis, die mich inspiriert haben.

Danke an meine Schwester Bettina.

Danke für eure Kritik und euren Support: Tina Sommer, Doris Rummel und Martin Walter. Danke an den Karikaturisten Mathias Hühn. Das war bestimmt nicht die letzte Zusammenarbeit.

Ein dicker Kuss geht wie immer an meinen Mann Andi, der mich aushält, wenn die letzten Korrekturen eines Buches anstehen.